\ 세상에서 제일 쉬운 /

암호화폐 입문서

COINCATS

아티오
ArtStudio

COINCATS(코인캣츠)

2014년에 사업 시작. 유튜브에서 암호화폐에 특화된 'COINCATS 채널'을 운영하는 여성팀. 블로그, 트위터 등에서 정보 제공뿐만 아니라 커뮤니티를 운영하거나 전국에서 세미나를 개최. LINE에서는 암호화폐에 관한 개별 상담도 하는 중이다. 암호화폐를 알게 되면서 많은 사람이 여유로움을 느낄 수 있기를 바라며 활동 중이다.

SEKAI ICHI YASASHII ANGO SHISAN NO KYOKASHO ©COINCATS 2022
First published in Japan in 2022 by KADOKAWA CORPORATION, Tokyo. Korean translation rights arranged with KADOKAWA CORPORATION, Tokyo through Shinwon Agency Co., Seoul.

세상에서 제일 쉬운
암호화폐 입문서

2023년 6월 20일 초판 인쇄
2023년 6월 30일 초판 발행

펴낸이 | 김정철
펴낸곳 | 아티오
지은이 | COINCATS(코인캣츠)
번 역 | 전지혜
마케팅 | 강원경
표 지 | 김지영
편 집 | 이효정
전 화 | 031-983-4092~3
팩 스 | 031-696-5780
등 록 | 2013년 2월 22일
정 가 | 18,000원
주 소 | 경기도 고양시 일산동구 호수로 336 (브라운스톤, 백석동)
홈페이지 | http://www.atio.co.kr

비트코인으로 많은 돈을 벌 수 있다!

비트코인 같은 건 어쩐지 무섭고, 수상해.

비트코인에 대한 주변인들의 반응은 위와 같이 둘로 갈린다. 참 극단적으로 다른 반응이다.

나는 사실 비트코인에 관심이 많다. 하지만 비트코인이 대체 어떤 것이고 정말 신뢰해도 되는지는 (부끄럽게도) 아직 잘 모르겠다.

인터넷을 통해 알아보고자 검색해봤지만, 전문적인 용어가 나오니 이해하기가 쉽지 않다. 그렇게 포기하려던 찰나에 발견한 사이트가 바로 COINCATS의 홈페이지였다.

그 홈페이지에는 아주 이해하기 쉬운 표현으로 암호화폐에 대해 설명되어 있었다. 그뿐만 아니라 COINCATS가 제공하는 유튜브 영상도 이해하기 쉽게 제작되어 있었다. 모임도 운영하고 있어서 암호화폐 관련 세미나를 개최하거나 개별 상담도 받고 있는 듯했다. 그들에게 물어보면 나도 비트코인을 비롯한 암호화폐 지식을 이해할 수 있지 않을까? 장래를 위해 자산을 늘리고 싶은 마음도 있으니 암호화폐 투자로 돈을 벌 수 있다면 꼭 한 번 시도해 보고 싶다…….

COINCATS의 세 멤버에게 직접 배울 수 있다고 하니 COINCATS의 암호화폐학교에 입학해서 제대로 배워보고자 한다!

 "안녕하세요. COINCATS입니다."

"아, 안녕하세요!"

"저희 수업에 잘 오셨어요. 비트코인에 관해 알고 싶고, 투자하고 싶으신 거죠? 우선 입학 축하드려요."

"네. 암호화폐 관련 지식은 전무하고 주식 투자 경험도 없지만, 비트코인을 사보고 싶어서요……."

"왜 비트코인에 투자하고 싶은가요?"

"글쎄, 그게……, 돈을 벌 수 있을 거 같아서요! 수억 원을 벌었다거나 백만장자가 되었다는 얘기도 있잖아요!"

"후훗. 욕심이 참 많네요. 전형적인 위험 인물이군요."

"사실 저도 그랬지만……, 욕심이 많은 사람은 손해를 보거나 소

중한 재산을 잃을 수밖에 없어요.”

 “……(뜨끔)”

“암호화폐는 다양한 가능성을 가지고 있어서 투자 대상으로서
큰 매력이 있죠. 하지만 지식이 전혀 없는 상태에서 투자하면 엄청난
실수를 저지를 수 있어요.”

“아주 조금만 공부하면 되긴 한데…….”

“그렇군요. 조금만 공부하면 돈을 엄청나게 벌 수 있군요. 알겠
어요! 제대로 공부해 봐야겠네요.”

“돈을 엄청나게 벌 수 있겠다는 부분이 마음에 좀 걸리기는 하지
만……. 저희가 제대로 도와드릴게요. 그렇게 어렵지 않으니 괜찮을
거예요.”

“소액으로 시작할 수 있고, 안심할 수 있는 가상자산 거래소에서
안전하게 코인을 사게 되면 위험할 건 없어요. 기본적인 부분만 이해
하면 매일 가격 변동에 전전긍긍할 필요 없이 느긋하게 자산을 투자할
수도 있죠.”

"정말요? 자주 사고팔아야 하는 줄 알았어요."

"또, 투자 자체가 매력적일 뿐만 아니라 돈처럼 사용할 수 있고, 암호화폐를 사용한 게임이 인기를 끌거나, 화제의 메타버스 공간에서 이용할 수 있는 등, 암호화폐 활용 분야가 점점 넓어지면서 새로운 세상이 생겨나고 있어서 알면 알수록 매력이 넘칠거예요."

"앞으로 암호화폐 투자에서 중요한 '7가지 약속'에 대해 알려 드릴게요. 이 7가지 약속을 잘 지키면 암호화폐 투자에서 크게 실패하는 일 없이 무리하지 않고 마음 편히 자산을 불려 나갈 가능성이 커져요. 규칙을 지키고 열심히 정보를 얻다 보면 투자도 더 효율적으로 할 수 있죠."

"왠지 용기가 생기는걸요!"

"저도 초보 딱지를 뗀지 얼마 안 됐어요. 꼭 같이 공부해 봐요."

[선생님] 하나코

해외 블록체인 행사나 프로젝트 개최를 맡아왔다. 초보자들에게 그간 쌓아온 경험을 이해하기 쉽게 전달하기 위해 매일 연구 중이다. 'COINCATS 채널'에서는 각본부터 내레이션, 편집까지 모두 도맡고 있으며, 그녀의 목소리에 힐링을 받는 사람들이 속출하고 있다.

부드러운 분위기와는 정반대로 본인이 한 말은 끝까지 해내고야 마는 강한 책임감의 소유자이며, COINCATS 설립 멤버 중 한 명으로 폭넓은 업무를 맡고 있다. '상대방이 꿈과 가능성을 펼칠 수 있도록 응원하고 싶다' 라는 마음으로 임하고 있다. 유별난 고양이 애호가.

BB(비비)

암호화폐와의 첫 만남은 2014년. 암호화폐 관련 고객지원센터에 종사했던 경험을 살려 초보자들의 질문과 고민을 7년 넘게 응대해 오고 있다. 압도적인 지식과 경험으로 회원들을 부드럽게 대하며 도와주고 있다. 기업의 요청으로 공부 모임 주최 경험도 많다.

'편안한 장소에서는 공부가 자연스럽게 이루어진다' 라는 생각이 든 이후부터는 누구나 안심하고 참가할 수 있는 모임을 목표로 삼고 있다. 대단한 지식욕의 소유자. COINCATS 설립 멤버 중 한 명으로 달콤한 디저트와 수박 애호가.

치타

공부 모임의 뉴스 해설 담당으로 운영 전반을 맡고 있다. 유튜브 채널에서는 각본, 내레이션, 편집 담당을 맡고 있다. 암호화폐와의 첫 만남은 2017년. COINCATS에 상담받은 것을 계기로 2021년 COINCATS 멤버가 되었다.

이제 막 배우기 시작했거나 도움이 필요한 사람에게 다가가는 상담가가 될 수 있도록 매일 경험을 쌓고 있다. 엄청난 의욕으로 급성장 중으로 음식과 운동 애호가.

[학생] 박태리

회사원. 투자는 해보고 싶지만, 아직 아무런 경험도 없다. 암호화폐에 관심은 많지만, 이제 와서 누구에게 물어보기는 부끄럽고, 인터넷에 찾아봐도 이해하기 쉽지 않아서 가르쳐줄 누군가가 필요한 상태이다.

차례

2교시 초보 투자자가 알지 못했던 암호화폐의 매력

3교시 처음에는 우선 비트코인과 이더리움 구매부터 시작하자

4교시 실천! 계좌 개설부터 매매, 송금하기

Homeroom

암호화폐의 미래는
어떻게 될까?!

암호화폐 전도사, COINCATS 결성 이야기

"암호화폐를 가르쳐 주시기 전에 COINCATS를 설립하게 된 이유와, 활동을 시작하게 된 계기를 알려 주세요."

"COINCATS라는 이름으로 활동을 시작한 시기는 2018년 말쯤이에요. 원래는 정보를 제공하기 시작했던 COINCATS라는 블로그 명칭이 지금은 팀명이 되었죠."

"왜 COINCATS라는 이름을 사용했나요?"

"당시 저희는 '암호화폐의 스승님'이라고 불리는 분께 비트코인과, 비트코인 다음으로 주류 암호화폐인 이더리움이라는 코인을 공부하고 있었어요. 당시에는 도지코인이라는 시바견을 모티브로 한 코인이 유명해졌던 시기여서 개와 정반대인 고양이로 해보자! 라는 마음으로 이름을 짓게 되었어요(웃음). 그리고 이더리움의 창시자인 비탈리크 부테린 씨라는 사람이 고양이 애호가로도 유명하다는 점도 한몫했죠."

"암호화폐의 스승님이요……?"

🐼 "2011년부터 암호화폐 관련 사업을 진행 중인 분이에요. 비트코인은 2009년에 생겨났으니 상당히 초기부터 관련 업계에 몸담고 있는 암호화폐 전문가죠. 암호화폐의 매력을 일찍이 깨닫고, 직접 투자하거나 개발 쪽에 종사하면서 그 매력을 알리는 데 힘쓰고 있어요.

저희는 2014년에 그분을 알게 되었는데 당시에는 암호화폐 관련 정보가 거의 없는 와중에도 공부 모임을 만들어서 이해하기 쉽게 알려 주셨죠. 제가 비트코인의 기본적인 지식을 알게 된 것도 스승님 덕분이에요. 처음에는 여러 번 들어도 무슨 말인지 잘 이해하지 못했지만요."

🐼 "참고로 비트코인이 일본에 상륙했을 당시의 가격은 500엔인데 스승님이 비트코인을 처음 산 금액은 800엔이라고 해요."

🐻 "애초에 왜 암호화폐를 공부하게 되었나요?"

🐼 "저는 암호화폐의 스승님을 소개받은 것이 계기가 되었어요. 암호화폐 공부 모임의 접수 등을 돕는 것을 계기로 스승님 회사에서 1년간 일하면서 공부하게 되었죠. 그곳에서 암호화폐를 공부하면서 이 지식을 널리 퍼트리고 싶었고, 잘못된 투자 방식으로 손해를 보는 사람이 없었으면 좋겠다는 마음으로 COINCATS를 시작하게 되었죠."

"저도 마찬가지예요. 애초에 사무직에 종사 중이었지만, 스승님과 연이 닿아 공부를 시작하게 되면서 암호화폐의 매력을 알리고 싶다는 생각이 활동 계기가 되었어요."

"저는 2017년에 암호화폐를 알게 되었을 때, 비트코인과 이더리움을 구매했어요. 한동안 잊고 살다가 생각났을 때 전부 매각했는데 그 후에 더 가격이 올라서 조금 더 공부했더라면 팔지 않았을 텐데…… 라며 크게 후회했죠. 그런 제 경험을 살려서 사람들에게 지식을 전하고 싶다는 마음으로 활동하고 있어요."

"치타님은 그 일 말고도 실패 경험이 있었죠?"

"보유하고 있던 코인이 사라지는 일이 있었어요! 그때 선생님과 BB님이 도와주셔서……. 저도 누군가에게 도움을 주고 싶다고 생각하게 되었어요."

"무섭네요. 근데 세 분 모두 금융기관이나, 기술업계에서 종사했던 건 아니네요?"

"맞아요. 특별히 금융 쪽을 잘 알지도, 그렇다고 기술업계 종사자도 아니었어요!"

"현재는 블로그나 유튜브, 트위터 등에서 정보 제공뿐만 아니라 모임을 운영하거나 전국에서 세미나를 진행하기도 해요. 또 개별 상담도 하는 중이죠."

"LINE(카톡처럼 일본에서 주로 사용하는 메신저)에서도 암호화폐에 관한 다양한 상담을 무료로 진행 중이라 많은 분께서 이용 중이에요."

암호화폐를 계기로 돈에 관한 지식과
이해력 리터러시(literacy)을 높이고 싶다

"저도 그렇지만, 대부분의 사람들은 투자나 자산 운용 관련 지식이 부족한 편이라서 돈에 관해서 많이 공부해야 한다고 생각해요. 하지만 주식이나 FX(외환)는 어쩐지 어렵게 느껴지죠……. 그러한 점에서 비트코인 등의 암호화폐는 간단하면서 장래성도 느낄 수 있으니 암호화폐를 계기로 돈에 관해 공부해 두는 것도 좋겠죠."

"장래성이요……?"

"나중에 자세히 언급하겠지만, 비트코인은 미국 등지에서 결제에 사용할 기회도 늘어나고 있을 뿐만 아니라 기부에 사용되거나, 뉴

욕시장이 보수의 일부를 암호화폐로 받는 등 돈으로 이용되는 사례가 늘고 있어요. 중미에 있는 엘살바도르나 중앙아프리카 공화국에서는 비트코인이 법정 통화로 사용되고 있죠."

"법정 통화니까 유럽으로 따지면 유로, 미국에서는 달러와 똑같은 취급을 받는 거예요."

"오오, 그렇군요~!"

"이 내용도 나중에 다시 언급하겠지만, 암호화폐를 지원해주는 '블록체인'이라는 기술은 게임에 이용되거나, 새로운 금융 거래 서비스를 새로 만들어내고, 최신 화제인 'NFT'도 블록체인이 밑바탕을 이루고 있어요."

"NFT는 아시나요? 예술 작품 등을 디지털로 거래하는⋯⋯."

"(잘은 모르지만) 들어본 적은 있어요."

"메타버스도 암호화폐를 빼놓고 이야기하기는 힘들어요⋯⋯."

"NFT나 메타버스도 암호화폐와 관련이 있군요. 그렇구나, 그러면 음, 결국 그 말은 암호화폐가 엄청 대단하다는 뜻이잖아요!"

"맞아요. 엄청 대단하죠. 갑자기 설레죠?!"

"주식을 어렵다고 느끼는 사람도 암호화폐를 계기로 돈에 관해 공부할 수 있게 되면 좋겠어요. 조금 건방지게 들릴지도 모르지만, 국내에 자산 운용을 정착시키고 싶거든요. 암호화폐를 사용해서 자산 운용을 확장시키면서 사람들의 투자 이해력을 높이고 싶어요."

"저는 할 수 있게 된 부분을 사람들에게 알려주고, 그 사람들이 또 다른 사람을 가르쳐줄 수 있도록 여유로움의 순환을 하나의 활동 주제로 삼고 있어요. 암호화폐의 매력을 많은 사람이 알길 바라고 있죠."

"저는 '암호화폐를 사서 보관해두었다가 언젠가 돈이 필요해지면 팔면 된다' 라고 배웠어요. 그 정도는 누구나 할 수 있을 정도로 쉬울 거예요. Z세대를 중심으로 연금 문제 등이 걱정되는 사람도 많아지면서 부업도 당연히 겸해야 할 시대가 되고 있어요. 일뿐만 아니라 암호화폐로 자산을 운용해서 돈을 버는 방법이 있다는 사실을 알았으면 좋겠어요."

기본적인 지식을 익혀서
예상하기 힘든 실패를 피하자

"치타님은 보유했던 암호화폐가 사라졌다고 하셨는데 왜 그런 무서운 일이 벌어진 거죠?"

"그게 말이에요……. 어느 날, 스마트폰 거래 화면에 알 수 없는 영어 메시지가 떠서 그걸 제대로 읽지 않고 터치해버리고 말았거든요……. 그랬더니 계좌에 있어야 할 비트코인이 어딘가로 사라지고 만 거예요."

"뭐라고요~~~?!"

"지인에게 어떤 코인을 추천받아서 그걸 사기 위한 자금으로 가지고 있던 비트코인을 송금하려 했거든요. 근데 그게 사기 홈페이지였는지 속임수에 당하고 말았어요.
처음에는 사기인지 눈치 못 채고 제가 잘못 건드려서 그렇게 된 줄 알았어요. 하지만 BB님이나 선생님에게 '비트코인을 송금하려고 했는데 도중에 뭔가 꼬인 거 같다. 지금 그 코인들은 어디에 있을까요……?' 라고 물었더니 '그거 사기예요!' 라는 말을 듣고 '네?!' 라고 탄식이 터져 나왔죠……."

"추천받았다고 해서 내용도 확인하지 않고 송금하거나, 심지어 내용도 모르는데 그냥 넘겨버리는 바람에 속임수에 당해버리는……. 흔히 생길 수 있는 일이죠."

"기본적인 내용만 알았더라면 막을 수 있었던 일이군요."

"대부분 그렇더라고요……(반성)."

"그래서 손해를 입은 건가요?"

"선생님과 BB님이 '지금이라면 아직 늦지 않았을 수 있어요' 라면서 이런저런 방법을 알려주셔서 절반 정도는 되찾을 수 있었어요. 3일 정도 걸렸어요. 상당한 부담을 안겨드렸었죠……."

"절반이라도 되찾아서 그래도 다행이에요. 보통은 되찾기 힘드니까요."

"BB님도 그런 경험 있죠?"

"맞아요. 사기는 아니었지만, 송금 실수를 저질러서 순식간에 몇십만 원을 잃었어요. 운 좋게 되찾았지만, 한동안은 못 찾는 줄 알았어요."

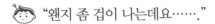 "왠지 좀 겁이 나는데요……."

"모르는 상태에서 그냥 넘기면 안 돼요. 제 경우는 화면에 영어 메시지가 빈틈없이 쓰여 있어서 번역도 하지 않고 확인 버튼을 눌러도 되겠다 싶어서 눌러 버렸어요. 그게 실수였죠."

"무슨 내용인지 몰라도 나도 모르게 확인 버튼을 누르게 되죠……. 영어 홈페이지가 아니어도 그런 일이 자주 일어나요."

"누르기 전에 물어볼 만한 곳이 있었으면 좋았을 텐데 말이에요."

"맞아요. 그게 참 안타까워요……."

"지금도 사기 사이트 같은 게 있나요?"

"안타깝게도 많이 있어요. 끊임없이 생겨나고 있죠."

"하지만 저희에게 사전에 상담받으면 대부분은 사기당하는 일을 막을 수 있을 거예요."

"저희 COINCATS는 공식 LINE 계정으로 암호화폐에 관한 질문을 무상으로 해주고 있어요. 하루 100건 이상의 상담이 들어오고 있고 사기에 관한 상담도 적지 않아요."

"그렇게 많은 질문이 쏟아져 들어오고 있군요!"

"많은 상담에 대응해온 덕분에 사기처럼 보이는 내용은 금방 알겠더라고요! 실제로 '상담 받은 후 그만두길 잘했다'라는 의견도 많이 듣고 있어요."

"와, 대단해요. 참 든든하네요. 사건 현장을 직접 보지는 않더라도 매일 현장 내용을 듣다 보니 정보량이 엄청나게 쌓였나 보네요."

"사기뿐만 아니라 암호화폐의 다양한 상담도 가능한 범위 내에서 대응 중이에요. 그러니까 궁금한 내용이 있으면 가벼운 마음으로 상담받으셨으면 좋겠어요. 사기도, 실수도 사전에 방지할 수 있으니까요."

"기본적인 내용만 알면 대부분의 사기는 사전에 막을 수 있어요."

"다시 말해 사람들이 모르는 부분이 너무 많다는 뜻인가요……?"

🐨🐨🐨 "바로 그거예요!"

🐨 "기본적인 내용도 알아보려고 하지 않고 투자하는 사람도 적지 않아요. 비트코인은 금방 돈을 벌 수 있어서 얼른 투자해야 한다는 생각에 초조해하거나, 투자보다는 도박처럼 생각하는 사람도 많아요."

🐨 "저처럼 잘 모르는 상태에서 투자했다가 결국 실패를 겪고 나면 두려움만 쌓이는 경우도 많아요. 잘 이해하지 못한 상태에서 투자에 실패한 후에 '암호화폐는 무서운 것'이라거나 '암호화폐는 몹쓸 것'이라고 생각하는 분들을 보면 저희로서는 참 안타깝게 느껴져요. 오해이다 보니까 암호화폐에 거리를 두게 되는 것이 참 안타깝죠."

🐨 "대부분의 사람들은 투자에 관해 배울 기회가 거의 없어서 투자 지식이 풍부하다고 볼 수는 없어요. 하지만 암호화폐라는 매력적인 투자 대상이 있으니까 지켜야 할 투자 약속이나 투자 단서를 안 후에 암호화폐와 함께했으면 좋겠어요. 투자 지식은 살아가는 데 있어서 절대 빼놓을 수 없는 교양이자 보물이 될 거예요."

🐨 "그렇군요. 선생님은 참 열정적이시네요!"

🐨 "아니에요, 저는 냉정함이 특기거든요(웃음). 다시 말해 '손쉽게

돈을 벌 수 있다고 생각하지 않아'요. 기본만 잘 알아두려고 하죠."

🐱 "그 내용을 정리한 것이 [COINCATS식 암호화폐 투자 7가지 약속]이에요."

🐱 "지금까지 하나씩 알려드렸지만, 암호화폐 투자에 필요한 내용을 7가지 약속으로 한 번 더 정리하면 다음과 같아요."

◇ 올바르게 사고, 올바르게 팔기 위한 방법을 익힌다.

◇ 조금씩 사고, 오래 보유한다.

👦 "어라? 그게 다예요?"

🐱 "맞아요. 비트코인 투자는 장기 보유로 자산을 늘리는 것이 기본'이에요. 따라서 매일 가격을 확인하거나, 매매 타이밍을 고민하지 않아도 돼요. 거래소를 제대로 선택하고 매매 방법을 확실히 익힐 수 있다면 큰 실패는 피할 수 있어요."

👦 "그렇군요, 그 정도면 저도 할 수 있을 거 같아요!"

🐱 "맞아요. 하지만 암호화폐를 잘 이해하지 못하면 단기적인 가격

변동에 조바심을 느껴서 자신도 모르게 팔고 싶어질 수 있어요. 오래 보유하고 있으려면 암호화폐의 매력이나 가치를 이해하는 것이 중요해요.

단시간에 돈을 벌겠다고 생각하면 실패하기 쉬워요. 그와 달리 장기간 보유하고 있으면 자산을 쉽게 늘릴 수 있다는 사실을 제대로 이해하고, 매매의 올바른 방법을 몸에 익혀두면 좋아요. 의외로 간단하죠?"

"저도 공부하고 나서 알게 된 사실인데요, 오래 보유하겠다는 침착한 마음으로 투자하면 투자 성공담에 휘둘려 자산을 잃는 일도 피할 수 있어요. 이해를 통해 자산이 늘어날 가능성이 있을 뿐만 아니라 자산을 지킬 수 있다는 뜻이에요."

"의외네요……. 가격이 오르면 팔아야 한다고 생각했었어요."

"암호화폐는 장기적으로 가치가 오른다고 볼 수 있으니 오래 보유하겠다는 사고방식이 중요해요. 저도 원래 게을러서 무엇이든 편한 걸 좋아하는 타입이에요. 암호화폐는 주식 투자 등과 비교하면 공부도 금방 끝낼 수 있고, 장기 보유로 자산을 늘릴 가능성이 크다는 점이 아주 매력적인 부분이죠."

COINCATS식
암호화폐 투자 7가지 약속

① 투자 경험이 없어도 암호화폐 투자는 가능하다.
  – 암호화폐 투자는 주식 투자보다 시작하기 쉽다.

② 절대 욕심을 부리지 않는다.
  – 절대 누군가가 권하는 그대로 사지 말자.

③ 초보자는 인가받은 국내 거래소에서 매매하자.
  – 정해진 규정이 있어 안심할 수 있다.

④ 조금씩 사기 & 오래 보유하기
  – 고가에 사지 말고 하락에 동요하지 않는다.

⑤ 초보자에게 암호화폐 FX는 필요 없다.
  – 단순한 투자라도 충분한 이익 실현을 기대할 수 있다.

⑥ 정보량이 있으면 효율적으로 돈을 벌 수 있다.
  – 새로운 운용 방법이나 전망 좋은 코인 등의 정보를 얻으면
   기회가 많아진다.

⑦ 자산을 지켜 잃지 않도록 한다.
  – 사기나 실수 등으로 자산을 잃지 않도록 주의하자.

암호화폐는 도박이라는 편견을 버려라

"제 주변에는 '암호화폐는 돈을 벌 수 있다' 라고 생각하는 사람과 '위험하다', '무섭다' 라며 부정적으로 생각하는 사람으로 나뉘어요."

"아무래도 도박과 비슷한 이미지가 있기도 하고, 무엇이 '암호'인지 잘 알지 못하는 사람도 많죠. 저도 얼마 전까지는 그렇게 생각했었으니까요……(웃음)."

"공부 모임 등에 참가하신 분들과 이야기해보면 위험하다고 생각하는 사람 중에도 두 부류가 있어요. 하나는 주식 등에 투자 중이며 투자 지식이 있는 사람이에요. 주식보다 암호화폐의 가격 변동이 심하기 때문에 위험하다고 생각하더라고요. 또 하나는 주식뿐만 아니라 투자 자체에 편견이 있는 사람이에요. 투자 지식이 있는 사람 중에는 '조금 공부해 봤더니 암호화폐의 매력도 알게 돼서 비트코인에 투자해 봤다' 라고 말하는 사람이 많아요."

"그러면 편견 때문에 투자를 거절하는 사람은요?"

"그저 안타까울 뿐이죠."

"암호화폐는 유망 자산이니 잘 접해나갈 수 있으면 좋겠어요."

 "수상하고 위험하다고 단정 짓는 사람을 설득할 생각은 없지만……. 안타깝기는 해요. 공부하는 데 돈이 들지는 않거든요. 자신이 잘 알지 못하는 분야는 도전해서는 안 되는 일이라 단정 짓거나 이해하기 어려운 부분을 무시하지 말고 우선은 알아보면 좋겠어요. 투자할지 말지는 알아본 후에 생각해보면 되니까요."

우선 소액으로 구매해 본다

"사람에 따라서는 실제로 투자해보며 알고자 하는 욕구가 커지는 경우도 있어요. 암호화폐는 소액으로도 투자할 수 있으니 금전적인 타격이 적은 금액으로 투자하면서 공부해보면 좋아요. 실제로 자기 돈을 써 보면 흥미를 더 끌어올릴 수 있거든요. 제 경우는 특히 더 그랬어요."

"적은 금액으로도 투자할 수 있어요? 비트코인이 몇 천만 원 정도 한다고 하니까 어느 정도 돈이 있어야만 투자할 수 있는 줄 알았어요. 근데 저는 주식 투자도 해본 적 없는데 괜찮을까요?"

🐹 "괜찮아요. 올바른 매매 방법만 익히면 되니까요."

🧑 "하지만……. 비트코인은 너무 올랐으니 사기에는 너무 늦은 거 아니에요? 친구가 '일찍 사둘 걸 그랬다' 라며 한탄하길래 늦었다고만 생각했거든요……."

🐹 "그런 질문을 많이 받는데요, 암호화폐는 이제 막 시작되었을 뿐이라고 생각해요."

🧑 "정말요?"

🐹 "암호화폐는 활용 범위가 넓어지고, 투자하는 사람도 늘어나고 있는 단계예요. 암호화폐 투자로 이익을 실현할 기회는 여전히 많이 있어요."

🐹 "장기 보유하면 보상을 기대할 수 있다는 점을 이해하고 있으면 급하게 돈을 벌려고 하다가 실패하는 일도 피할 수 있어요. 그러기 위해서라도 암호화폐가 무엇인지, 어떠한 장래성이 있는지를 확실히 알아야 해요."

🧑 "암호화폐에는 미래가 있다는 거군요!"

"바로 그거예요. 암호화폐의 미래는 점점 더 확장되고 있어요! 자세한 내용은 이제부터 설명해 드릴게요."

Home Room 내용 정리 ✏

☐ 암호화폐 투자는 단순하다.

☐ 사서 보관하고 있다가 필요할 때 판다.

☐ 기초 지식이 없는 상태에서는 거래하지 않는다.

☐ 7가지 약속을 지킨다.

1교시

암호화폐란
무엇인가?

암호화폐란 인터넷에서 거래할 수 있는
형태가 존재하지 않는 돈이다

"우선 암호화폐의 대표격인 비트코인에 대해 설명해 드릴게요. 주식 투자를 할 때도 묻지마 투자가 아닌 어떤 일을 하는 회사인지, 장래성은 어떠한지 등을 알아보고 나서 투자해야 한다는 것은 기본 상식이예요. 그와 마찬가지로 비트코인도 무엇인지 아는 것이 중요해요. 그렇게 어려운 내용은 아니니 걱정하지 말고 들어주세요."

"하긴, 아무것도 모르는 상태에서 투자하기는 불안하죠."

"조금씩이라도 좋으니 함께 공부해 봅시다."

"우선 암호화폐는 인터넷상에서 발행하고 거래할 수 있어요. 국내에서는 아직 생소하지만, 비트코인으로 결제할 수 있는 가게도 있죠. 해외에서는 VISA(비자)나 MASTER(마스터) 신용카드 옆에 비트코인 스티커가 붙어 있는 가게도 찾아볼 수 있어요. 그리고 자신이 소유하고 있는 비트코인을 다른 누군가에게 보내거나 기부하는 데 사용할 수도 있죠. 즉, 실제로 돈처럼 사용할 수 있다는 뜻이에요."

"인터넷상에서 사용할 수 있는 돈과 똑같다고 보면 돼요."

"참고로 암호화폐는 해외, 특히 영어로는 크립토커런시(가상화폐, cryptocurrency)나 '크립토애셋(암호화폐, cryptoasset)'이라고 부르는데 국내에서는 '암호화폐'로 일반적으로 부르고 있죠. 한때는 '가상화폐'라는 호칭도 사용해서 지금도 가상화폐라고 부르는 경우도 많죠."

은행 계좌가 없어도 사용할 수 있는
편리성이 매력

 "암호화폐의 매력은 크게 세 가지가 있어요."

① 전 세계에서 사용할 수 있다는 점

② 은행 계좌가 없어도 사용할 수 있다는 점

③ 송금 수수료가 저렴하다는 점

◆ 비트코인의 매력

조사에 따르면 전 세계 성인의 3분의 1은 은행 계좌가 없다고 합니다. 하지만 그렇게 계좌가 없는 사람도 암호화폐는 송금할 수 있습니다.

예를 들어 신흥국 등지에서 선진국으로 돈을 벌려고 온 사람들이 모국에 계좌가 없는 가족에게 돈을 보내려면 지금까지는 비밀은행(무면허 부정 송금 업체) 등을 사용해야만 했습니다. 하지만 암호화폐는 은행을 통하지 않아도 되므로 간단히 송금할 수 있습니다.

아마도 이 책을 읽는 많은 분들은 은행 계좌를 만들 수 없거나 송금할 수 없어서 곤란한 경험을 겪을 기회가 적어 크게 와닿지 않을 수 있지만, 아주 중요한 장점 중 하나입니다.
또 은행을 통한 해외 송금과 비교해도 암호화폐는 신속하게 송금할 수 있다는 장점도 있죠.

더구나 우리나라는 원, 미국은 미국 달러 등으로 각국에 자국만의 통화가 존재하지만, 암호화폐는 전 세계에서 공용할 수 있는 국경 없는 통화입니다.

법정 통화는 중앙집권형, 암호화폐는 분산형

"우리가 평소 사용하는 돈과는 어떤 점이 다른가요……?"

"우리가 평소에 사용하는 돈은 '법정 통화'라고 해서 한국은행처럼 각국의 중앙은행이 발행하고 있어요. 그와 달리 암호화폐는 국가나 중앙은행과 관계없이 인터넷상에서 발행되고 있죠. 비트코인은 사토시 나카모토라는 사람의 논문을 바탕으로 생겨났고, 프로그램에 따라 발행되고 있어요."

"지폐는 중앙은행의 판단에 의해 발행되는 것과 달리 비트코인은 발행량이 정해져 있다는 차이점이 있어요. 비트코인의 단위를 BTC(비트)라고 하는데 비트코인의 발행량은 2,100만 장, 즉 최대 2,100만 BTC인 셈이죠. 2009년에 발행이 시작된 후부터 이미 90% 정도가 발행되었고, 전체 매수가 발행되기까지는 약 130년이 걸린다고 해요."

♦ 비트코인은 이렇게 탄생했다

통틀어서 암호화폐라고 표현하지만, 그 종류는 현재 수만 가지에 이릅니다.

그 모든 암호화폐들의 대표주자가 바로 '비트코인'이죠.

이번 BB의 해설에서는 전 세계 첫 암호화폐인 비트코인을 설명하고자 합니다.

비트코인은 2009년 1월 3일에 수수께끼 인물인 사토시 나카모토의 논문을 바탕으로 탄생했습니다. 이 논문은 전년도인 2008년에 인터넷상에 영문으로 공개되었으며, 지금까지도 누구나 읽을 수 있도록 공개되어 있습니다(하지만 굳이 읽을 필요는 없습니다!).

사토시 나카모토는 기존의 금융 시스템처럼 국가나 정부, 은행 등 중앙에서 관리되는 돈이 아니라 자신의 자산을 스스로 관리할 수 있는 돈을 목표로 비트코인을 구상했습니다.

기존의 금융 시스템은 국가의 중앙은행이 돈을 발행하여 은행 등이 관리하는 우리에게 익숙한 형식입니다. 하지만 해당 시스템은 은행 계좌가 있는 사람에게만 송금할 수 있거나, 관리하는 것만으로도 비용이 드는 등 자유롭지 못하다는 단점도 있습니다. 그래서 사토시 나카모토는 은행 등의 중앙기관이 관여할 필요가 없는 새로운 돈을 목표로 삼았습니다.

구체적으로 설명하자면 암호 기술이나 블록체인이라고 불리는 기술, 그리고 데이터를 분산해서 관리하는 P2P라는 시스템을 결집한 아이디어입니다.

기술적인 것은 복잡한 부분까지 알 필요는 없지만, '비트코인의 큰 특징은 [분산형]'이라는 점은 암호화폐를 이해하는 하나의 키워드가 되므로 가볍게라도 알아두기 바랍니다.

"분산형이라……. 음, 어렵네요."

"그림을 준비했으니 한 번 봐주세요. 중앙집권형은 통신 상대와 연결될 때, 중앙에 있는 서버나 관리자를 통해야만 해요. 그와 달리 분산형(비중앙집권형)은 통신 상대와 직접 연결할 수 있죠."

"흐음. 그렇군요. 차이가 뭔지 어느 정도 알 거 같아요."

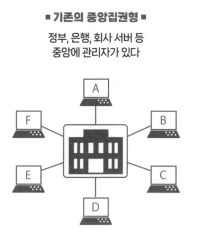

■ 기존의 중앙집권형 ■

정부, 은행, 회사 서버 등
중앙에 관리자가 있다

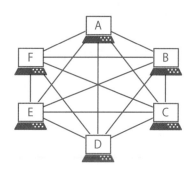

■ 분산형(비중앙집권형) ■

특정 관리자가 없다
사용자끼리 연결하여 거래

'블록체인'과 '채굴'을 알면
암호화폐의 시스템을 이해할 수 있다!

"분산형이 무엇인지 어느 정도 아셨을 테니 이제는 어떻게 그것이 가능한지 알아볼게요. 알고 싶으시죠?"

"뭐, 그렇긴 하죠……."

"암호화폐의 시스템은 '블록체인'과 '채굴', 이 두 가지만 알면 됩니다. 여기에서도 비트코인을 예로 설명해 드릴게요."

"어머? 태리님, 왠지 안색이 안 좋아 보이는 거 같은데……. 괜찮아요? 양호실이라도 가시겠어요?"

"태리님, 죄송해요. 중요한 이야기를 깜빡 잊고 있었네요. 기술적인 부분을 잘 알지 못하더라도 암호화폐로 자산을 운용할 수 있어요. 그러니 너무 걱정하지 마세요. 하지만 조금이라도 알아두면 진짜와 가짜를 구별하는 데 도움이 되니. 잡학 지식이라는 생각으로 가볍게 들어주세요."

"아이고, 그런 건 미리 말씀해 주세요. 완벽히 이해하고 시험이라도 쳐야 투자할 수 있는 건가 싶었어요.”

"시험 같은 건 없어요. 하지만 그런 경우가 종종 있잖아요. 그때 공부해 둘 걸 후회할 때요.”

"조금이라도 좋으니 이해하려고 노력해 보세요.
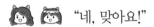블록체인이란 간단히 말하면 암호화폐를 보내거나 받는 거래 이력이 기록되는 것을 의미해요. 분산 원장이라고도 불리는데 소위 은행 통장 과 비슷하다고 보면 돼요. 통장에는 송금이나 입금된 이력이 기록되잖 아요? 그것과 비슷해요.
예를 들어 전 세계에서 이루어지는 비트코인 거래를 위해 하나의 통장 이 준비되어 있다고 생각하면 돼요. 그리고 A가 B에게 1 BTC를 보냈 다고 가정해 볼게요. 그러면 그 날짜나 매수 등의 상세 정보가 암호화 되어 이 통장에 기록되죠.”

"네? 암호화돼서 암호화폐인 거예요?”

"네, 맞아요!”

"이 통장의 내용은 1MB(메가바이트)로, 거래 기록 데이터가 가득 차면 다음 통장을 만들어야 해요.”

😀 "은행 통장도 다 쓰고 나면 이월해서 새로운 통장으로 만드는 것과 같군요."

😺 "맞아요, 그거랑 비슷해요. 다만 은행 통장과 다른 점은 데이터가 용량이 가득 차면 다음 통장을 만들 때는 통장을 해지하기 위한 어려운 계산이 필요하죠. 거래 데이터가 암호화된 것을 계산하는 건데 그 답을 도출해야 통장을 해지할 수 있어요. 그리고 통장을 해지했을 때 비로소 비트코인이 상대에게 전달되는 시스템으로 이루어져 있죠."

👧 "조금 복잡하지만, 송금 요청이 암호화되어 통장에 기록되고, 기록 데이터가 가득 차면 복잡한 계산을 진행한 후에 답이 나오면 송금이 실행되면서 통장이 해지되는 거예요."

😀 "흐음. 그래서 그 계산은 누가 하는 거죠?"

😺 "네트워크로 연결된 불특정 다수의 사람들이에요. 그 사람들이 계산에 도전하는데 가장 빨리 답을 도출해낸 단 한 사람이 통장을 해지한 후에 새로운 통장을 만드는 역할을 맡게 돼요. 그리고 다른 사람들이 통장에 잘못된 점이나 부정한 거래가 없는지 추가로 여러 차례 확인 작업을 거치죠."

"음, 굉장히 어렵게 느껴지는데 간단히 말해 중앙에서 은행 등이 관리하지 않는 대신에 그러한 작업을 처리해야 하는 시스템으로 이루어져 있다는 거죠?"

"그렇게 이해하면 될 거예요. 그리고 하나의 통장이 가득 차면 다음 통장을 만들 수 있을 때까지 약 10분 정도의 시간이 걸려요."

"10분이요? 왜죠?"

"거래를 승인하는 데 시간이 너무 오래 걸리면 송금이 늦어지고, 반대로 너무 빨리 승인되면 보안이 약해지죠. 그래서 약 10분 만에 승인되도록 프로그램에서 조절하고 있어요. 대단하죠?"

"오, 그런 부분까지 프로그램을 통해 작동되는군요! 그런데 어떤 사람들이 승인 작업 등을 처리하나요?"

"좋은 질문이에요. 사실 인터넷으로 연결된 컴퓨터에 전용 소프트웨어를 설치하면 누구나 이 작업에 참가할 수 있어요. 참가하는 사람은 모두 같은 통장의 데이터를 관리할 수 있죠."

"모두가 하나의 통장을 소유하고 있을 수 있어서 분산 원장이라고 불리는 거예요."

"그렇군요! 분산형이라는 게 무엇인지 이제 좀 알 거 같아요."

"그리고 아까부터 예로 들었던 통장이라는 것은 결국……."

"'블록체인'이군요!"

"정확히 말하자면 아쉽게도 틀렸어요!"

"통장 하나하나가 '블록'이며, 통장을 이월해 나가듯이 블록을 연결해 나가는 기술을 '블록체인 기술'이라고 해요."

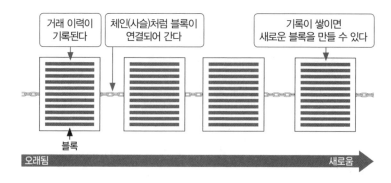

■ 블록체인의 이미지 ■

세상에서 제일 쉬운 암호화폐 입문서

"좀 어렵죠? 보통 한 번에 이해하기 힘들어요. 저도 몇 번 듣고 겨우 이해했거든요."

"어렵긴 하지만, 그래도 왠지 조금 더 똑똑해진 기분이네요♪ 그런데 비트코인 송금을 승인할 때는 실수하거나, 부정 거래가 발생하진 않나요?"

"아무래도 신경 쓰이죠? 부정 거래가 발생해서는 안 되니까요!"

"비트코인에서는 분산형으로 많은 참가자가 감시함으로써 실수나 부정 거래가 발생하지 않게 되어 있어요. 은행처럼 중앙에서 감시하거나 관리하지 않지만, 돈으로써 신용할 수 있다…… 라는 점이 비트코인의 굉장한 장점이죠."

"참가자는 아까 말했던 네트워크로 연결된 사람들을 말하는 거죠?"

"맞아요. 전용 소프트웨어를 설치하면 모두가 같은 통장(데이터)을 관리할 수 있다고 말했었죠?"

"분산 원장 말씀하시는 거죠?"

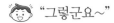 "네. 같은 통장을 함께 소유하고 있으니 어떤 사람이 혼자서 통장을 수정해서 부정 거래를 일으키려고 해도 할 수가 없어요."

"그렇군요~"

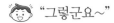 "만약 잘못 승인해버린 경우에는 올바르게 승인한 사람의 데이터가 참가자 전원에게 공유돼요. 즉, 실수도 발생하지 않게 되어 있죠."

"우와, 참 잘 만들어 놨네요."

채굴하면 보상을 받을 수 있다!

"아까 전용 소프트웨어만 있으면 누구나 참가할 수 있다고 했는데 어떤 사람이 무엇을 위해 참가하는 건가요?"

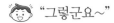 "그건 말이죠, 승인 작업을 처리하면 보상을 받을 수 있기 때문이에요."

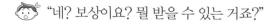 "네? 보상이요? 뭘 받을 수 있는 거죠?"

"비트코인을 받을 수 있어요. 비트코인 네트워크는 특정 관리자가 없는 대신에 누군가가 승인해줘야만 코인을 보낼 수 있어요. 즉, 승인하는 사람 덕분에 네트워크가 유지되는 시스템인 셈이죠. 따라서 그 승인 작업을 처리해준 사람에게 사례로 비트코인이 주어져요."

"그것참 굉장한걸요! 굉장하긴 한데…… 음? 근데 누가 비트코인을 주는 거죠?"

"자동으로 그렇게 되도록 프로그램되어 있어요."

"자동으로 그렇게 된다고요? 프로그램이?"

"한국의 원화는 정부나 한국은행이 신규로 발행할지, 어느 정도 발행할지 등을 정하지만, 비트코인은 자동 프로그램을 통해 발행되고 있어요.
그리고 그렇게 신규 발행된 비트코인이 승인 작업을 처리해준 사람에게 부여되는 방식으로 프로그램되어 있죠. 참고로 이렇게 코인을 받을 수 있는 작업을 '채굴(mining)'이라고 해요."

"오오, 그렇군요, 엄청난 시스템이네요. 저도 보상을 받아보고 싶어졌어요."

"그런 생각이 들죠? 그래서 많은 사람이 보상을 목표로 참가 중이에요. 많은 사람이 참가할수록 감시자가 늘어나서 실수를 발견할 가능성이 늘어나니까 그 결과 보안이 강해지죠."

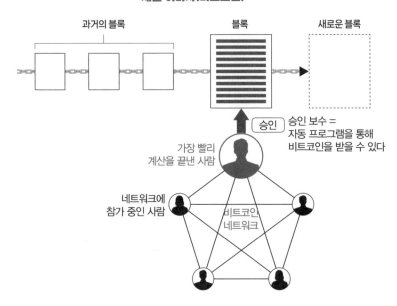

■ 채굴 이미지(비트코인) ■

과거의 블록　　블록　　새로운 블록

승인

승인 보수 = 자동 프로그램을 통해 비트코인을 받을 수 있다

가장 빨리 계산을 끝낸 사람

네트워크에 참가 중인 사람

비트코인 네트워크

 "대단하죠?!"

😀 "그런 부분까지 고려했다니 정말 대단하네요! 그건 그렇고 보상은 얼마나 돼요?"

😺 "요즘은 무려 6.25 BTC예요!!"

😀 "어느 정도의 가치가 있는 거죠?"

😺 "예를 들어 1 BTC가 5,000만 원이라면 312,500,000원 정도인 셈이죠."

😲 "네?! 엄청난데요? 저도 채굴에 참가하고 싶네요! 저도 할 수 있을까요?"

😺 "하하. 눈빛이 반짝이고 있군요. 태리님도 참가……할 수 있기는 하죠. 단, 현실적인 부분을 말씀드리면 개인이 채굴에 성공해서 보상을 받기는 상당히 어려운 부분이 있어서 현재 참가자 대부분은 기업이나 전문업자들이에요."

😀 "아, 그렇군요."

"게다가 비트코인의 경우, 승인하려면 계산을 가장 빨리 끝내야 하는데 이 계산은 곧 컴퓨터의 계산 능력을 의미해요. 태리님이 가장 먼저 계산을 끝내려면 어떻게 해야 할까요?"

"으음, 가능한 한 좋은 컴퓨터를 준비하는 것이려나요?"

"맞아요. 다들 비트코인을 보상받기 위해서 점점 고성능 컴퓨터로 참가하게 되었어요. 그렇게 되다 보니 일반인인 우리가 손에 넣을 수 있는 컴퓨터로는 이기기 힘들어졌죠."

"그렇겠네요. 그것참 아쉽게 됐네요."

"지금도 개인이 채굴로 보상을 받을 수 있는 시스템은 있지만, 그건 다음 기회에 다시 말씀드릴게요."

"네, 다음에 꼭 알려주세요. 그런데 채굴하는 사람, 즉 승인하는 사람이 속이거나 부정을 저지르는 일은 없나요?"

"전혀 없지는 않지만, 현실적으로 불가능해요. 만약 부정을 저지르려고 하면 네트워크로 연결된 사람의 51% 이상의 통장을 동시에 수정해야만 하거든요. 그렇게 해서 얻는 이익보다 채굴해서 보상을 받는 편이 더 나아요. 즉, 부정을 저지르는 일은 수지타산에 맞지 않아요. 그래서 아무도 배신할 일이 없죠. 이것도 비트코인 프로그램의 뛰어난 장점 중 하나예요."

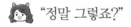 "수지타산에 맞지 않는다는 게 무슨 뜻이죠?"

"네트워크에 많은 사람이 참가 중일수록 51% 이상의 통장을 수정하기는 굉장히 어렵고, 부정을 저지른다는 안 좋은 소문이 돌면 비트코인의 가치가 떨어지겠죠. 부정을 저질러도 가치가 떨어지면 아무 소용 없으니까요."

"현실적으로 전 세계 51%의 사람과 결탁하기도 힘들겠네요……. 정말 잘 만들었군요."

"정말 그렇죠?"

보상은 4년마다 감소하지만
가치는 올라가니 OK

"더 감탄할 만한 비트코인의 장점을 하나 더 알려드릴게요."

"뭐죠?"

"비트코인 보상에는 반감기가 있어요."

"반감기요?"

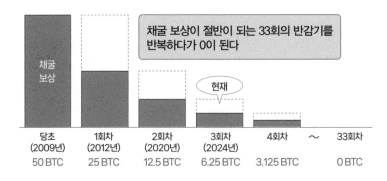

■ **채굴 보상은 약 4년마다 반감된다** ■

채굴 보상이 절반이 되는 33회의 반감기를 반복하다가 0이 된다

채굴 보상

현재

당초 (2009년)	1회차 (2012년)	2회차 (2020년)	3회차 (2024년)	4회차	～	33회차
50 BTC	25 BTC	12.5 BTC	6.25 BTC	3.125 BTC		0 BTC

"보상 수량이 점점 줄어드는 시스템으로 이루어져 있어 2009년 시작 시점부터 4년간은 채굴 보상이 1회당 50 BTC, 다음 4년간은 25 BTC, 다음은 12.5 BTC, 현재는 6.25 BTC로 4년마다 절반으로 감소하고 있어요. 정식으로는 블록의 누적 수에 따라 보상이 변경되는 시스템으로 대략 4년마다 올림픽 개최되는 해에 가격이 내려가죠."

"왜 감소하는지 아시나요?"

"모르겠는데요……."

"왜냐하면 비트코인의 가치, 즉 비트코인의 가격이 점차 오를 것으로 예측하고 있기 때문이에요. 비트코인의 양을 줄여도 손에 들어오는 실질적인 보상은 커진다고 생각하는 거죠. 이것도 다 프로그램된 거예요."

"우와. 그런 부분까지 고려했군요."

"실은 저도 채굴해본 적이 있었어요."

"우아! BB님, 대단하네요!"

🐱 "비트코인은 어려워서 다른 신규 코인을 채굴해봤지만요. 그래도 좋은 경험이었어요."

비트코인을 고안해낸 사람은 노벨상감!

🐱 "이 시스템을 생각해낸 사토시 나카모토는 천재 같아요. 참고로 사토시 나카모토는 국적, 성별, 나이 등 실체는 그 누구도 알지 못해요. 사회를 변화시키는 개발을 했는데 정체를 밝히지 않은 채 수수께끼에 싸여 있어요. 노벨 경제학상 후보에 오를 정도로 대단한 인물인데 말이죠……."

🐱 "우아. 그렇군요. 어디에 있는지, 누군지도 모르는데 경제학상 후보에 오르다니……."

🐱 "'의외로 여성일지도 모른다' 라거나 '단체일지도 모른다' 라는 설도 있지만, 일각에서는 한 명의 일본인 남성이라는 설도 떠돌고 있어요. 나이는 50대~60대 정도라고요. 왜냐하면 비트코인 설계에는 'C++' 라는 컴퓨터 언어가 사용되는데 그 나이대의 사람이 자주 사용하는 언어라고 해요."

"그 모든 걸 사토시 나카모토가 만든 거예요?"

 "그 사람이 생각한 것을 바탕으로 미국의 기술자들이 만들었다고 해요. 멤버는 30명 정도라고 예상하고 있죠."

암호화폐마다 자체 블록체인이 있다

 "그런데 모든 암호화폐가 같은 블록체인을 사용하나요?"

 "아뇨, 각 암호화폐에 해당 암호화폐의 전용 블록체인이 있어요. 예를 들면 '이더리움(ETH)'이라는 암호화폐는 이더리움 전용 블록체인이 있고, 이더리움의 블록체인을 약간 응용하면 암호화폐가 생겨나기도 하죠.

각각의 암호화폐는 코인이라고 부르는 경우가 많아요. 여기에서는 대표격인 비트코인을 예시로 시스템을 설명했지만, 승인 보상을 받을 수 있는 시스템은 코인마다 다르고, 저마다 특징이 있어요."

 "비트코인의 탄생에 이어 이더리움이 생겨났는데, 비트코인과 이더리움이 암호화폐의 상징적인 존재라 할 수 있어요. 그 이후에도

정말 다양한 코인이 생겨나고 있죠. 자세한 내용은 나중에 다시 알려

드릴게요."

◆ 이더리움이란?

이더리움은 비트코인과는 또 다른 의미에서 전 세계에 혁명을 일으킨 획기적
인 암호화폐 중 하나입니다. 비트코인 이외의 코인을 통칭해서 '알트코인'이라
고 부르는데 이더리움은 그 알트코인의 대표라고 할 수 있습니다.

이더리움은 2013년, 비탈리크 부테린이라는 인물이 개발했습니다. 비트코인과
마찬가지로 물건 결제 시 사용하거나 송금도 할 수 있죠.
하지만 그뿐만이 아닙니다.

이더리움의 특징은 비트코인처럼 그 자체에 가치가 있어서 사용되기보다 이더
리움을 기반으로 다양한 서비스를 만들거나 사용할 수 있다는 장점이 있습니
다. 예를 들어 이더리움의 블록체인을 사용해서 자체 암호화폐(코인)을 발행할
수 있죠. 기초적인 부분부터 블록체인을 구축하지 않더라도 이더리움의 블록
체인을 빌리는 형태로 비교적 손쉽게 암호화폐를 만들 수 있다는 뜻입니다. 이
처럼 어느 블록체인을 기반으로 삼아 만든 암호화폐를 '토큰'이라고 부릅니다.
그 밖에도 이더리움의 블록체인을 기반으로 게임을 만들거나, 개인 간에 돈을
빌리고 빌려주는 서비스를 누구나 만들거나 사용할 수 있습니다. 즉, 이더리움
은 '플랫폼'의 역할을 하는 암호화폐인 셈이죠.

세상에서 제일 쉬운 암호화폐 입문서

플랫폼이란 해당 서비스를 사용하는 데 필요한 것, 즉 토대가 되는 것을 말합니다.

예를 들어 이더리움이 게임기 본체라면 그 안(이더리움)에 있는 서비스는 게임 소프트웨어와 같다고 볼 수 있습니다. 게임기 본체가 없으면 게임을 진행할 수 없는 것처럼 이더리움이라는 블록체인이 없으면 그 안의 다양한 서비스를 사용할 수 없습니다.

돈을 내고 게임 소프트웨어를 구매하는 것과 마찬가지로 이더리움상에 있는 서비스를 사용하거나 코인을 이동할 때는 수수료로 이더리움(ETH)이 필요합니다.

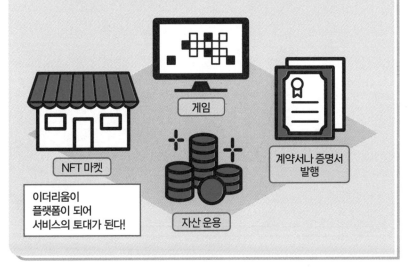

■ 이더리움의 시스템을 이용해서 다양한 서비스를 만들 수 있다! ■

게임

NFT 마켓

계약서나 증명서 발행

이더리움이 플랫폼이 되어 서비스의 토대가 된다!

자산 운용

1교시 요점 정리 ✏️

☐ 암호화폐는 디지털 화폐이다.

☐ 암호화폐의 키워드는 '분산형'이다.

☐ 블록체인은 새로운 서비스를 만들어낸다.

☐ '비트코인'과 '이더리움'이 암호화폐의 대표적인 존재이다.

초보 투자자가
알지 못했던
암호화폐의 매력

암호화폐가 전 세계에서 주목받는 이유

"그런데 암호화폐는 왜 이렇게 주목받는 건가요?"

"해외에서는 굳이 따지자면 기술적인 면, 구체적으로 말해 블록 체인 기술의 장점을 사용해서 새로운 서비스가 생겨나고 있어서 세상, 즉 사회가 더 좋아질 수 있을 것 같아서 암호화폐가 주목을 받는 것 같아요. 하지만 가격 상승으로 돈을 벌 수 있다는 이유가 가장 많이 차지하다 보니까 가격 변동과 함께 감정도 함께 변화되는 사람도 적지 않아요."

"그러다 보니 단기간에 매매하려는 사람이 많죠……."

"오늘 사면 내일 오를 거라고 생각하는 사람도 많거든요."

"해외에서도 암호화폐는 인기가 있죠?"

"물론이죠. 전 세계에서 국내의 비트코인 거래 비율은 10% 정도에 불과해요. 대부분의 암호화폐 정보가 영어로 되어 있기도 해서 미국이 특히 높은 점유율을 차지하고 있죠. 또 중국에서는 과열된 인기를 우려해서 정부가 암호화폐 거래 금지령을 내리기도 했어요.”

🙂 “국가에서 금지를 내렸다고요?!”

😊 “맞아요. 규제해야 할 정도로 위안화가 암호화폐로 흘러 들어가
거나, 중국의 화폐가 암호화폐로 대체될 수 있다는 위기를 느낀 거 같
아요.”

😊 “그만큼 암호화폐에 매력을 느끼는 사람이 많다는 뜻이죠.”

'장기 보유'가 암호화폐 부호가 되는 지름길

🙂 “그렇다면 암호화폐 가격은 무슨 이유로 오르는 거죠?”

😊 “한마디로 말해 '원하는 사람이 있기 때문'이에요. 암호화폐는 국
가나 정부처럼 관리하는 기관이 없기 때문에 가격을 보증해줄 곳이 없
어서 단순히 원하는 사람, 즉 장래성에 투자하고 싶어 하는 사람이 늘
어나면 가격이 잘 올라가요. 반대로 비트코인을 처분하고 싶어 하는
사람이 늘어나면 많이 팔리기 때문에 가격이 잘 내려가죠.”

"그렇군요. 그래서 단순한 가격 변동이 아니라 어떻게 오르고 내렸는지 요인을 파악하는 것이 중요하겠네요!"

"맞아요!"

"그렇게 파악해 나가다 보면 어떤 시기에 오르고 내려갈지를 어느 정도 예측할 수 있어 위험성을 줄일 수 있을 거예요."

"가격뿐만 아니라 현재 발생하는 뉴스도 잘 확인해두면 폭락했을 때 당황하는 일 없이 팔아야 할지, 가지고 있어야 할지를 판단할 수 있어요."

"흠흠."

"암호화폐가 무엇인지 알면 장기간 보유했을 때 자산이 늘어난다는 걸 알 수 있어요. 그런 지식만 있으면 단기간에 돈을 벌려고 초조해하거나, 솔깃한 이야기에 현혹되거나, 단기적인 가격 변동에 조바심을 느끼지 않고 넘어갈 수 있어요."

"매일 가격 변동을 확인하지 않더라도 이익을 실현할 기회가 있다는 점이 암호화폐의 장점이라고 생각해요."

어느 날 갑자기 비트코인의 가치가
사라지지는 않을까?

 "비트코인은 오래 보유하고 있으면 이익을 실현할 가능성이 커지는 몇 안 되는 꿈의 투자 대상이네요. 근데 위험성도 있지 않나요? 뭐랄까, 비트코인의 시스템 같은 것이 무너져서 갑자기 사라진다든지, 가치가 사라질 만한……."

"가능성이 전혀 없다고 할 수는 없겠죠. 하지만 한국의 원화나 일본의 엔화같은 법정 통화도 그와 마찬가지로 지폐 자체가 휴지 조각이 될 가능성도 있어요. 나이지리아, 튀르키예, 아르헨티나 같은 국가는 현재 화폐 가치가 급감한 상태이기도 하고요.

법정 통화는 해당 국가가 신뢰를 잃으면 가치를 잃게 되는데 비트코인은 전 세계에 네트워크가 존재하고, 전 세계적으로 통용하는 자산이라서 특정 동향에 따라 가치를 잃는 일은 우선 없다고 할 수 있어요."

"오히려 법정 통화보다 비트코인이 지지받았던 적도 있어요. 예를 들어 2013년 키프로스 쇼크(키프로스 공화국에서 발생한 금융 위기)에서는 비트코인의 가격이 올라갔어요. 국가의 법정 통화를 신용할 수 없기 때문에 비트코인을 사는 사람이 늘어나면서 가격이 오른 거죠."

"쉽게 말해 키프로스라는 국가의 법정 통화보다 전 세계에서 통용하는 비트코인을 선택한 사람이 많았다는 뜻이에요."

"앞서 언급했듯이 비트코인을 국가 법정 통화로 인정한 나라도 있어요. 엘살바도르에서는 자국 통화의 신용성이 낮은 탓에 미국 달러를 법정 통화로 사용하고 있었는데 2021년에 비트코인도 법정 통화로 추가했어요. 전 세계 중에서 처음으로 국가가 비트코인이 돈임을 인정했다는 점에서 아주 큰 화젯거리였죠."

"유니세프(국제연합아동기금)에서는 유니세프 가상화폐 펀드를 설립해서 암호화폐로 기부를 받는 등, 공적 기관에서도 암호화폐가 사용되고 있어요."

"암호화폐는 국가나 공적 기관에서도 돈으로 인정받고 사용되고 있군요."

해외에서는 비트코인 결제가
늘어나고 있는 중이다

"실제로 돈으로 사용되는 사례가 늘고 있나요?"

"네. 결제에 사용할 수 있는 사례가 늘고 있어요. 크게 알려지지는 않았지만, 사실 국내에도 비트코인을 사용할 수 있는 초밥집 등의 가게가 있어요."

"해외에는 더 많아요. 미국에서는 온라인 결제 서비스 대기업인 페이팔에서 비트코인으로 결제할 수 있어요. 이 뉴스가 나왔을 때도 비트코인 가격이 급상승했어요. 유명 신용카드 회사인 VISA에서는 암호화폐를 사용할 수 있는 카드를 발행하고 있죠. 앞으로도 대규모 기업에서도 암호화폐로 결제할 가능성이 커질 거예요."

"비트코인으로 결제하면 편리한가요?"

"자국의 법정 통화보다 비트코인을 신용하는 사람이나 비트코인을 보유하고 있는 사람은 비트코인으로 물건을 사는 것이 편리해요. 예를 들어 우리가 해외여행을 가거나, 해외 사이트에서 물건을 사는 경우, 원래라면 원화를 달러 등의 외환으로 환전해서 결제하지만, 비트코인으로는 환전하지 않고도 결제할 수 있어요. 그러면 환전 수수료도 들지 않고 환율을 신경 쓸 필요도 없죠."

"그렇군요. 국경 없는 돈이라는 거군요."

급료, 보수, 시줏돈…….
비트코인의 이용 범위가 넓어진다

"미국 마이애미 시장이 급료 일부를 비트코인으로 받거나, 일본 야구팀인 닛폰햄 파이터스에서 빅보스(BIGBOSS)라 불리는 신조 쓰요시 감독이 암호화폐 거래소의 광고 출연료 일부를 암호화폐로 받았다는 이야기도 있어요."

"시줏돈으로 비트코인을 사용하는 사례도 있어요. 시주함에 있는 QR 코드를 찍으면 자신이 가지고 있는 비트코인을 송금할 수 있는 시스템이에요."

"전자화폐를 시줏돈으로 낼 수 있다는 뉴스를 본 적 있지만, 암호화폐로도 가능하군요. 그럼 절에서는 받은 것을 돈으로 바꾸는 건가요?"

"돈으로도 바꿀 수 있고, 돈으로 바꾸지 않고 그대로 사용하거나 모아두고 있을지도 모르죠. 왜냐하면 돈이나 마찬가지니까요.

잘 모르는 대부분의 사람들은 어떻게든 실물 화폐로 바꾸고 싶어 하겠지만, 암호화폐는 돈과 똑같은 가치가 있기 때문에 그대로 가지고 있어도 되고, 그 상태로 사용할 수도 있어요. 지금은 아직 그 감각에 익숙하지 않겠지만, 나중에는 아무렇지 않게 다룰 수 있을 거예요."

NFT가 예술 세계를 바꾼다?!

"태리님, NFT(Non Fungible Token)라는 단어를 들어본 적 있나요?"

"방송에서 화제가 되기도 했고, 신문이나 인터넷 뉴스로도 본 적 있어요. 하지만 확실히 무엇인지는 몰라요. 암호화폐와 관련이 있나요?"

"아주 큰 관련이 있어요. NFT를 번역하면 '대체 불가능한 토큰'으로, 한마디로 말해 '모든 권리의 디지털화'라고 생각하면 돼요."

"그렇군요(무슨 말이지……)."

😊 "블록체인은 많은 참가자가 감시하고 있어서 부정 거래 등이 불가능하다고 앞서 말씀드렸잖아요? 결국 '수정 불가능'이라는 뜻이기도 한데 NFT는 그 '수정 불가능'이라는 특성을 활용한 거예요. 블록체인은 용도가 확산되고 있는데, NFT 기술이 그 확산 속도를 빠르게 만들어 주고 있죠."

😊 "네? 블록체인이 돈 이외에도 사용된다는 뜻인가요?"

😊 "맞아요. 주변에서 예시를 꼽자면 태리님이 아까 말했던 뉴스 등에서 나오는 서양화 등의 디지털 아트가 이에 해당해요. 이미지 데이터는 손쉽게 복사해서 도용되기도 하는데, 한 번 그렇게 도용되면 무엇이 진짜인지 구분하기 어려워져서 원작자가 괴로워질 수밖에 없죠. 그럴 때 NFT라는 블록체인 기술을 사용하면 무엇이 원작인지 증명할 수 있어서 유일무이한 작품으로 세상에 내놓을 수 있어요."

😊 "참 좋은 기술이네요."

😊 "또, NFT는 암호화폐와 마찬가지로 국경을 뛰어넘어 거래할 수 있어서 전 세계 사람에게 작품을 보여주거나 팔 수 있어요. 실제로 유명인에게 주목받은 일반인이 그린 그림이 몇백만 원에 거래된 사례도 있죠. 블록체인을 통해 스스로 가치를 창출하고, 전 세계적

으로 거래할 수 있는 세상이 시작된 거예요."

"저도 초등학교 때 그린 그림이 몇백만 원이나, 몇천만 원에 팔렸다는 이야기를 텔레비전에서 보고 놀랐어요."

"대단하죠."

"NFT는 살 수 있을 뿐만 아니라 되팔 수도 있어요. 그리고 저작권자, 즉 창작자나 소유자의 이력을 남길 수 있다는 것이 큰 장점 중 하나예요. 지금까지는 창작가가 만든 작품을 팔면 거기에서 끝이었지만, NFT에서 거래된 물건은 되팔 때마다 창작자에게 매출 일부가 지급되도록 설정할 수도 있어요."

"그것참 꿈같은 이야기네요. 아아, 나한테도 그런 재능이 있으면 참 좋을 텐데~"

"NFT는 그림이나 사진 등의 이미지뿐만 아니라 음악이나 옷, 신발 등의 브랜드 상품 등에서도 사용할 수 있게 되었어요. 진짜인지 증명할 수 있을 뿐만 아니라 코로나 여파로 대면 비즈니스가 어려워지면서 인터넷을 통해 전 세계로 판매 활로를 뻗은 기업이 차례로 늘어나고 있죠."

"그 NFT는 어디에서 살 수 있나요?"

"NFT 전용 인터넷 쇼핑몰 같은 사이트가 있어요. 거기에서 플리마켓 애플리케이션처럼 자기 작품을 출품하면 마음에 들어 하는 누군가가 사는 거예요. 경매 방식으로도 출품할 수 있어서 인기가 생기면 작품이 고가에 거래되기도 하죠. 이런 사이트를 NFT 마켓플레이스라고 해요."

"전 세계에서 가장 유명한 사이트는 '오픈씨(Open Sea)'라는 사이트예요. COINCATS의 유튜브 채널에도 오픈씨를 시작하는 방법을 영상으로 제작해서 올려 두었는데 채널 영상 중에서 조회수가 가장 높아요."

"그 정도로 NFT가 주목을 받고 있다는 뜻이군요. 저도 봐야겠어요."

"네, 꼭 봐보세요!"

"NFT는 모든 권리의 디지털화라고 말씀하셨는데 그밖에는 어떤 것이 있나요?"

세상에서 제일 쉬운 암호화폐 입문서

"부동산 소유권, 졸업증명서, 물류 관리, 그리고 콘서트 입장권도 있어요. 아이돌 포토 카드도 NFT로 만들기도 해요."

"우와, 정말 돈 이외에도 용도가 다양해지고 있네요."

"앞으로 우리 주변에 있는 서비스가 블록체인과 조합해 나가지 않을까 예상하고 있어요. 그리고 이렇게 용도가 늘어나고 있다는 사실만 알고 있기에는 아까워요!"

"이렇게 NFT나 블록체인 용도가 늘어나고 있다는 것은 투자 기회도 늘어나고 있다는 뜻이니까요."

"그래요?"

"네. 앞서 비트코인 이외에도 다양한 코인이 생겨나고 있다고 알려드렸는데, NFT를 포함해서 용도가 늘어나고 있다는 뜻은 각각의 용도에 맞는 새로운 코인이 생겨나고 있다는 의미이기도 해요.
즉, 모두가 사용할 만한 코인을 찾을 수 있다면 그만큼 훌륭한 투자가 가능해져 자산을 늘릴 기회로 이어지는 거죠."

"그렇다면 꼭 알아두어야겠네요!"

"우선 정보부터 수집해야 해요. 자! 그 이야기는 여기에서 마무리하고! NFT 관련 코인 등에 대해서는 5교시에서 다시 알려드릴게요."

블록체인을 활용한 게임이 인기

"암호화폐, 블록체인의 활용은 다른 분야로도 확산되고 있어요. 예를 들면 게임이 이에 해당하죠. 블록체인을 기반으로 만들어진 'NFT 게임'이라는 게임이 있는데 태리님은 알고 계신가요?"

"게임은 잘 몰라서요……."

"NFT 게임은 블록체인 게임이라고 불리는 새로운 유형의 게임이에요. 게임 중에는 아이템 등을 사기 위해 결제해야 할 때가 있죠? NFT 게임에서는 결제를 통해 레벨을 높인 캐릭터 등을 다른 사람에게 팔 수도 있어요. 결제를 통해 돈을 쓸 수 있을 뿐만 아니라 돈을 벌수도 있는 셈이죠."

"오호. 그렇군요."

"게임에서는 달러 등의 법정 통화가 아니라 해당 게임의 전용 코인이 사용돼요. 게임을 즐기기 위해 코인을 사는 사람이 늘어나면 코인의 가치가 올라가서 게임에서 얻은 코인을 비싸게 팔 수 있는 거죠. 예를 들어 신흥국에서 사는 사람 중에는 게임으로 코인을 벌어서 부수입을 얻거나 주업으로 삼는 사람도 있어요."

"제가 어느 게임에서 결제 서비스를 사용하고 싶어서 코인을 사게 되고, 그렇게 코인을 사는 사람이 늘어나면 코인의 가치가 오른다는 거죠?"

"맞아요. 인기 게임에서 발행된 코인 중에는 시가총액이 수천억 원 규모까지 성장한 코인도 있어요."

"암호화폐는 단순한 투자 상품이 아니군요."

"제대로 파악하기 시작했군요. 암호화폐에 투자하고 싶어 하는 사람뿐만 아니라 게임하기 위해서 암호화폐를 사는 사람들도 있는 등, 다양한 분야로 암호화폐가 확산되고 있어요."

화제의 메타버스란 무엇인가?

"자주 듣는 메타버스도 암호화폐와 관련이 있나요?"

"관련 있죠. 아주 좋은 질문이에요."

"그렇군요……(사실 무슨 소린지 모르겠지만)."

"메타버스는 컴퓨터 네트워크 안에 구축된 현실 세계와는 다른 3차원 가상 공간이에요. 메타버스로 게임도 진행할 수 있고, 패션 브랜드가 가게를 열기도 해요. 예를 들어 나이키는 메타버스로 운동화를 판매하고 있어요."

"네? 그 운동화는 실물이 아닌 거예요?"

"네. 자기 아바타에 신겨서 아바타를 꾸밀 수도 있고, 직접 가격을 정해서 되팔 수도 있어요."

"기업 상품을 판매해도 되고, 개인이 직접 만든 자체 작품을 자기 아바타에 입혀서 그것을 마음에 들어 하는 사람에게 팔 수도 있죠."

🐹 "메타버스 안에서 티켓을 판매해서 콘서트, 전시회 등도 열 수 있어요."

🐱 "가까운 미래에는 메타버스 속에 현실에 있는 것과 똑같은 쇼핑 센터가 생겨날 가능성도 있을 거라 생각해요."

👦 "근데 그것의 어떤 부분이 암호화폐와 관련이 있는 거죠?"

👩 "메타버스 공간에서 암호화폐를 사용해서 물건이나 서비스를 구매할 수 있거든요. 원화나 달러가 아니라 암호화폐를 사용하는 거죠."

🐹 "예를 들면 자기 아바타로 메타버스 속에 있는 쇼핑몰에 가서 물건을 살 때 이더리움으로 결제할 수 있는 거예요."

🐹 "머지않아 자기 아바타로 상품을 직접 들어 보거나 착용도 해볼 수 있을 거예요. 아마존(Amazon)에서도 쇼핑이나 방문 기록의 경향 등을 분석하여 추천 상품을 제시해 주는 것처럼 AI 기술을 통해 아바타에 자신의 취향이나 체형, 예산을 설정해두면 메타버스 안에서 자신이 선택할 만한 물건이나 치수에 맞는 물건을 선정해줘서 손쉽게 쇼핑할 수 있을 거예요."

"그렇군요. 그렇게 되면 메타버스에 진출하는 기업이 늘어나겠네요. 그리고 거기에서 암호화폐도 사용하면……."

"메타버스와 암호화폐는 기질이 잘 맞아서 메타버스 이용을 계기로 암호화폐를 사용하려는 사람이 늘어날 거예요."

웹 3.0시대에 암호화폐는 필수 아이템

"암호화폐는 앞으로 웹 3.0시대에 빼놓을 수 없는 아이템이라고 해요."

"웹 3.0이 뭐죠?"

"한마디로 말해 인터넷이 블록체인 기술을 통해 더 발전할 수 있는 시대라고 생각하면 돼요."

"인터넷이 보급되기 시작한 1990년대를 웹 1.0이라고 해요. 회사 홈페이지를 인터넷에서 열람하거나 이메일 송수신이 가능해진 시대죠."

"그 후, 2000년대가 되면서 인터넷 검색이나 e커머스 서비스가 성행하고, 트위터 등의 SNS에서 개인이 정보를 제공할 수 있게 되었죠. 아이돌이나 팬이 SNS를 통해 교류하거나, 쌍방향 소통이 당연해졌고요. 이러한 현재 시대를 웹 2.0이라고 해요."

"그리고 다음 세대인 웹 3.0으로 이어지는 거죠. 그 웹 3.0의 핵심을 블록체인 기술이 맡고 있어요. 이것은 인터넷 탄생과 비슷한 수준으로 혁신적이라고 알려져 있죠."

"게다가 암호화폐나 NFT가 그 안에 포함되기 시작할 거예요!"

"으흠. 그러면 앞으로 다가올 시대는 누구나 암호화폐 지식이 필수가 되겠군요. 잘 알겠어요."

블록체인을 통한 분산형 금융 디파이(DeFi)로
금융 미래가 바뀐다?

"암호화폐 분야에서는 DeFi(Decentralized Finance)를 주목하고 있어요."

"디파이요? 완전 처음 들어봐요."

"전혀 문제없어요. 현재 일부 사람들만 자세히 알고 있을 뿐이니까요."

"DeFi는 블록체인 기술을 사용한 금융 서비스 전반을 말해요. 분산형 금융 또는 탈중앙화 금융이라고도 부르죠."

"한마디로 '차세대 금융 서비스' 라고 말할 수 있죠!"

"쉽게 말해 DeFi는 돈이 늘어날 가능성이 있는 저금통인 셈이에요."

"우와, 그런 저금통이 있다니 갖고 싶네요."

"저도요!"

"일반적으로 자산을 늘리려면 은행이나 증권 회사를 이용해야 했지만, DeFi는 블록체인 기술을 이용하니 은행이나 증권 회사 등의 금융기관을 이용할 필요가 없어요. 금융기관을 이용할 필요가 없으니 인건비나 수수료를 줄일 수 있고, 인터넷만 연결할 수 있다면 전 세계 어디에서든 약 수억 원 규모부터 운용할 수 있죠."

"근데 돈이 어떻게 늘어나는 거죠?"

"예를 들면 DeFi의 서비스 중에 '렌딩(lending)'이라는 게 있어요. 렌딩은 '암호화폐 대출'이라고도 부르는데 소유하고 있는 코인을 빌려 줘서 이자를 받을 수 있는 운용 방법이에요. 코인을 빌린 사람은 이자 를 붙여서 변제하기 때문에 대출해준 사람은 이자의 일부를 받을 수 있죠."

"은행에서 돈을 빌리거나 예금하는 것과 다른 점이 있나요?"

"우선 첫 번째는 앞서 이야기했듯이 금융기관을 이용하지 않아 수수료가 들지 않아요. 게다가……."

"DeFi에서는 '변제'나 '이자 분배'와 같은 모든 거래를 블록체인 프로그램을 통해 자동으로 실행할 수 있다는 차이점이 있어요. 금융기관은 일절 관여하지 않고 이 DeFi 서비스를 사용하는 사용자끼리 DeFi 프로그램을 통해 직접 거래가 이루어지고 있는 셈이죠."

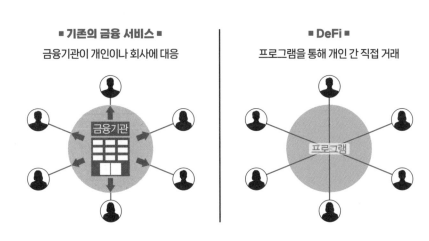

■ 기존의 금융 서비스 ■
금융기관이 개인이나 회사에 대응

■ DeFi ■
프로그램을 통해 개인 간 직접 거래

■ DeFi 시스템의 이미지 ■

"즉, 지금까지 은행이 해오던 금융 서비스를 DeFi로 대체할 수 있는 거죠!"

"그것참 대단한데요…!"

"예를 들어 신흥국처럼 풍요롭지 못한 국가에 사는 형편이 좋지 못한 사람들이라도 DeFi를 사용해서 돈을 벌 수 있고, 그것을 통해 경제적으로 자립하거나 가정 살림에 보탬이 될 가능성이 있어요. 사람들이 활약할 수 있는 폭을 넓혀주거나 사회의 구조를 바꿀 수 있는 굉장한 시스템이죠."

"그중에는 30%를 초과하는 연이율로 운용할 수 있는 DeFi도 있어요."

"우와! 그렇게나 많이요?!"

"이 DeFi 시장은 2020년 가을 즈음부터 급속도로 화제가 되기 시작했고 2022년 5월 기준 , 740억 달러, 원화로 환산하면 약 100조 원에 가까운 자산이 DeFi를 통해 운용되고 있어요."

"전 세계에서 자산을 늘리는 수단으로 DeFi를 선택하고 있다고 볼 수 있죠!"

DeFi의 기반이 되는 이더리움의 기술

"DeFi가 있으면 머지않아 은행이 필요 없어질 날이 올지도 몰라
요!"

"과감한 의견이네요. 그래도 DeFi는 매일 진화하고 있고, 렌딩
외에도 투자로 이자를 받을 수 있는 DeFi 서비스가 확실히 많아지고
있어요."

"블록체인을 사용한 자산 운용이 정말 다양하게 있네요. 근데 어
떻게 그런 일이 가능하죠?"

"아주 좋은 질문이에요! DeFi를 실현할 수 있도록 한 것이 이더
리움의 블록체인에 구비된 스마트 콘트랙트(Smart Contract) 라는 기술이
에요."

"스마트 콘트랙트요…? 앗, 또 처음 듣는 단어예요……."

"걱정하지 마세요! 기본적인 내용을 알려드릴게요. 콘트랙트는
계약이라는 뜻으로 한마디로 말해 '계약을 자동으로 실행하는 프로그

램'을 말해요.

계약이라고 해서 복잡하게 생각할 필요는 없어요. 예를 들면 편의점에
갔을 때 돈을 내고 물건을 받는 것도 매매 계약에 해당하거든요. 편의
점에서는 사람을 통해 거래하지만, 자동판매기의 경우는 돈을 넣고 버
튼을 꾹 누르면 자동으로 물건이 나오잖아요? 그것이 계약을 자동화
하는 것과 같아요. 스마트 콘트랙트는 거래 계약을 사람의 손을 거치
지 않고 자동화하여 원활히 진행하는 시스템을 말해요."

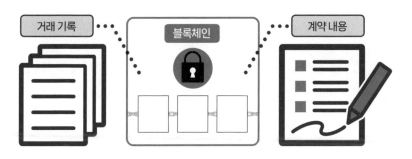

■ 스마트 콘트랙트란? ■
프로그램을 통해 개인 간 직접 거래

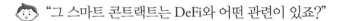 "그 스마트 콘트랙트는 DeFi와 어떤 관련이 있죠?"

"앞서 언급한 렌딩을 예로 들어 말하자면 '코인을 맡기면(빌려주면) 연이율 5%의 이자가 붙는' 방식으로 스마트 콘트랙트를 설정해 두었다고 가정해 봅시다. 그러면 거기에 코인을 맡긴 사람은 연이율 5%의 이자가 금융기관을 통하지 않고 사전에 설정된 프로그램에 따라 자동으로 납입되는 거예요."

"굉장하죠? 블록체인을 응용하면서 사회 인프라가 변화하기 시작했어요."

"심도 깊은 이야기네요. 역시 블록체인은 참 대단하네요……. 그런데 저도 DeFi를 사용해서 돈을 벌 수 있을까요?"

"네, 물론이죠. 단, 국내에서는 DeFi가 아직 법적으로 정리되지는 않았어요. 그러니 어떤 일이 벌어져도 누군가가 보상해주지는 않으니 그 점을 알아두고 있어야겠죠?"

"맞아요, 차량 운전과 마찬가지로 조작 실수로 예기치 못한 사고가 일어날 우려가 있어요. 자산이 늘어날 가능성은 확실히 있지만, 올바르게 알고 올바르게 사용하는 것이 중요하니까요!"

"초보자는 DeFi로 실제로 돈을 운용하기보다는 DeFi로 금융의 가능성이 커지고, 그에 따라 DeFi의 기반이 되는 이더리움 등, 암호화폐에 주목하는 사람이 늘어나서 그 가치가 커지는 것을 기대할 수 있다는 점을 알아두면 좋겠죠."

2 교 시 요점 정리 ✎

☐ 비트코인으로 결제할 기회가 많아진다.

☐ 암호화폐를 사용한 게임이 대 인기이다.

☐ 메타버스 공간에서도 암호화폐를 사용한다.

☐ NFT를 지원해주는 것은 블록체인 기술이다.

☐ 암호화폐나 블록체인이 세상을 바꿔나간다.

처음에는 우선
비트코인과 이더리움
구매부터 시작하자

비트코인 이용자가 늘어나면
가격도 오른다

"비트코인이나 암호화폐의 매력을 알고 나니 왠지 설레요. 역시 투자 대상으로도 매력적이라는 거겠죠?"

"그렇죠."

"이용할 기회가 늘어난다는 것은 가격도 오른다는 뜻일까요?"

"물건의 가격은 인기가 많아지면 가격이 급등하고, 공급이 많아지면 폭락하는 등 수요와 공급에 따라 결정되죠. 암호화폐의 가격도 기본적으로 그와 마찬가지로 수요와 공급의 관계에 따라 가격이 결정돼요."

"예를 들어 은행 계좌를 가지고 있지 않은 사람들이 암호화폐의 편리성을 알고 비트코인을 사용하고 싶어 한다면 비트코인을 사고 싶은 사람, 즉 수요가 늘어나죠. 그에 비해 비트코인의 발행량은 어떻다고 했죠?"

"분명 발행량은 정해져 있다고……."

"정답이에요. 전 세계에 비트코인을 원하는 사람이 늘어나지만, 공급량이 한정되어 있다면 가격이 쉽게 오르겠죠? 비트코인으로 결제할 기회가 늘어나거나, 비트코인에 투자하는 사람이 늘어나고 있으니 앞으로 비트코인 시장이 확대됨과 동시에 가격이 오를 것으로 예상하고 있어요."

"그렇군요. 얼마나 이용되는지가 중요하겠네요."

"최근에는 미국의 테슬라처럼 기업이 비트코인을 사려는 움직임도 눈에 띄고 있어요. 기업이 보유하는 자산의 일부를 비트코인으로 바꾸고 있는 거죠. 비트코인의 가치가 오를 것이라는 기대와 법정 통화뿐만 아니라 암호화폐를 함께 소유하여 위험을 분산하려는 의도가 있다고 할 수 있어요."

"그만큼 암호화폐가 금융 상품으로 인정받기 시작했다는 뜻이에요."

"해외에서는 암호화폐의 ETF가 상장하는 등, 투자 기회도 늘어나고 있어요."

"ETF?"

"ETF(상장지수 펀드)란 특정 주가지수 등과 가격 변동이 연동하는 금융 상품으로, 비트코인의 ETF에서는 비트코인의 가격이 상승하면 ETF도 가격이 오르고, 비트코인의 가격이 내려가면 ETF도 가격이 내려가는 등, 비트코인에 투자하는 것과 같은 의미가 있어요. 주식과 마찬가지로 증권 회사에서 매매할 수 있고, 이미 캐나다나 미국의 주식 시장에 비트코인 가격과 연동되는 ETF가 상장되어 있죠."

"암호화폐는 기업도, 기관 투자가도 무시할 수 없는 존재가 된 거죠."

해킹 당하면 자산이 사라질까?

"조금 신경 쓰이는 부분이 있는데요. 비트코인은 해킹 때문에 부정 유출된 적이 있었죠? 그런 점이 참 무서운 거 같아요……."

"그런 일이 있었죠. 그런 뉴스를 듣고 비트코인은 역시 위험하다고 오해하는 분도 있을 거예요."

"하지만 실제로 해킹된 것은 비트코인 자체가 아니라 보관하고 있던 거래소예요."

"네? 뭐가 다른 거죠?"

"1교시에서 설명했듯이 비트코인 자체는 해당 시스템상 복제해서 위조하거나, 코인이 도난당하는 일은 일어날 수 없어요. 소위 해킹이나 부정 유출은 비트코인을 보관하고 있던 거래소의 시스템, 즉 금고 쪽이 해킹으로 파괴되어 안에 보관되어 있던 비트코인이 도난당했다는 뜻이에요."

"그렇군요."

"현재는 그러한 경험을 통해 더 견고한 보안 대책을 시행하거나, 법률적으로 거래소의 자산 관리에 대해 엄격한 의무를 부여하고 있으니 이전보다는 안전하게 사용할 수 있게 되었어요."

"하지만 은행과 똑같이 자산이 모이는 곳은 항상 해킹의 위험이 도사리고 있다는 점을 전제로 해서 염두에 두면 좋겠죠."

"그렇겠네요. 만약 해킹이 일어나면 어떻게 되나요?"

"국가에 등록되어 있는 가상자산 거래소가 운영하는 거래소에서는 회사 과실로 인해 해킹을 당해 자산이 유출된 경우, 기본적으로는 회사의 자산으로 먼저 고객에게 변제할 의무가 있어요.

단, 고객 보상이라는 법률은 없기 때문에 이후에는 거래소의 의향, 방침에 따르죠. 국내에서 가장 큰 가상자산 거래소들인 업비트와 빗썸 등도 수백억 원대의 해킹 피해를 당한 적이 있으나 회사 보유 자산으로 충당한 적이 있으니 기본적으로는 그렇게 진행될거예요."

"은행에서는 원금 5,000만 원까지 보상되던데……."

"금융 기관 파산 시 예금자 보호법에 의해 원금과 이자를 합쳐 5,000만 원까지는 보상해주는 제도를 말씀하시는 거죠? 암호화폐는 아직 그런 규정은 없어요."

"보상은 어느 환율로 금액을 계산해야 할지도 문제예요.
과거에는 암호화폐가 유출된 시점의 환율로 산출해서 그 나라의 통화로 환급되었어요. 암호화폐로 받는다면 보유하고 있는 수량을 보상받겠지만, 이 또한 그때의 거래소 대응에 따라 달라지겠죠."

"흐음, 좀 걱정이 되네요."

세상에서 제일 쉬운 암호화폐 입문서

"해외 거래소에서도 보상에 대한 언급은 따로 없고, 기본적으로 는 자기 책임이지만, 대규모 거래소에서는 100% 환급하는 것이 일반 적이라고 해요. 거래소는 신용이 가장 중요하기 때문에 해킹을 당해서 자산이 유출된 일은 어쩔 수 없다는 식으로 마무리 짓지는 않을 거예 요. 그렇게 했다가는 아무도 그 거래소를 이용하지 않을 테니까요."

투자 초보자라도 규칙만 잘 지키면 괜찮다

"투자 경험이 없는 저도 암호화폐 투자를 할 수 있을까요?"

"그럼요, 가능하죠. 저도 그랬어요."

"암호화폐에 투자하려면 거래소에 계좌를 개설해야 하지만, 계 좌 개설은 무료이고, 주민등록증이나 운전면허증 등의 본인 확인 증명 서가 있는 미성년자만 아니라면 누구나 계좌를 개설할 수 있어요. 기 본적으로 관리 비용 등은 따로 발생하지 않죠."

"(작은 목소리로) 돈도 별로 없는데 괜찮을까요?"

🧑 "괜찮아요. 1,000원처럼 부담되지 않는 금액으로 시작해서 조금씩 익숙해지거나, 경험 쌓기를 권하고 있어요. 빗썸같은 거래소는 500원으로도 가능하고요. 업비트를 포함한 대부분의 거래소도 5,000원이면 가능해요."

😊 "그 정도면 용돈의 일부로도 시작할 수 있겠네요. 또…… 주식이나 투자 신탁도 사본 적 없는 제가 갑자기 암호화폐에 투자해도 괜찮을까요?"

🧑 "첫 투자가 암호화폐라도 아무런 문제가 없어요. 중요한 점은 투자 경험 유무가 아니라 Homeroom에서 알려드린 '7가지 약속'을 지키는 거예요."

😊 "Homeroom에서 배웠었죠!"

1. 투자 경험이 없어도 암호화폐 투자는 가능하다.

● 암호화폐 투자는 주식 투자보다 시작하기 쉽다.

　연구해가며 종목을 선택하지 않아도 투자를 시작할 수 있다.

2. 절대 욕심을 부리지 않는다.

● 절대 누군가가 권하는 그대로 사지 말자.

다양한 코인이 있다고 해서 안이하게 달려들지 말자. 사기 전에 직접 조사한 후에 사자.

3. 초보자는 인가받은 국내 거래소에서 매매하기를 권한다.

● 정해진 규정이 있어 안심할 수 있다.

국가의 기준이나 자율 규제를 따르고 있어 사기를 당할 염려가 거의 없다.

4. 조금씩 사기 & 오래 보유하기

● 고가에 사지 말고 하락에 동요하지 않는다.

비쌀 때 많이 사면 위험하다. 조금씩 사야 안심할 수 있다.

5. 초보자에게 암호화폐 FX는 필요 없다.

● 단순한 투자라도 충분한 보상을 기대할 수 있다.

위험도가 높은 구매 방식은 시도하지 말자. 암호화폐 FX나 레버리지 거래 (189쪽 참조)를 해도 되는 사람은 투자에 시간을 쏟을 수 있는 사람, 공부할 수 있는 사람뿐이다.

6. 정보량을 늘려서 효율적으로 돈을 번다.

● 새로운 운용 방법이나 전망이 좋은 코인 등의 정보를 얻으면 기회가 많아 진다. 게임 관련, 메타버스 등, 정보를 모아 확인하면 기대할 만한 코인을 찾을 수 있다.

● 사기나 실수 등으로 자산을 잃지 않도록 주의한다.

아무리 전도유망한 암호화폐에 투자하더라도 실수해서 잃으면 본전도 찾지 못한다. 냉정히 판단하고, 잘 알지 못하는 부분은 사전에 상담하기를 유념할 것.

 "이 규칙만 잘 지키면 위험도를 어느 정도 낮출 수 있으니 확실히 숙지해 주세요."

투자는 여유 자금으로, 무리해서 투자하지 않는 것이 철칙

"태리님이 아셔야 할 점은 무리해서는 안 된다는 거예요. 이것은 암호화폐 투자의 핵심이 아니라 투자 전반에 해당하는 원칙이죠. 중요한 내용이니 다시 한번 말씀드릴게요. 중요한 점은 '무리해서는 안 된다' 라는 거예요.

앞서 말씀드렸듯이 암호화폐는 시장 전체가 앞으로 크게 성장할 가능성이 있어요. 그렇다고 해서 생활비를 줄이면서까지 투자해서는 안 됩니다. 암호화폐뿐만 아니라 투자는 여유 자금 내에서 끝내야 해요.

질병에 걸리거나 수입이 줄어드는 등 만약을 대비해야 하는데, 기본적으로 회사원이라면 생활비의 3~6개월분 정도, 자영업자라면 더 많은 예금을 확보해 두어야 하죠. 또 결혼 자금, 주택 구매를 위한 보증금, 교육비 등, 사용처가 정해져 있는 돈은 원금 손실의 위험성이 적은 안전한 상품(정기예금이나 개인용 국채 등)으로 운용하는 편이 적합하겠죠. 그리고 투자할 때는 그러한 돈을 제외한 '여유 자금'으로 해야만 해요."

"그렇게 했다가는 투자할 수 있는 돈이 없겠다' 라는 생각이 든다면 매월 5,000원, 10,000원 처럼 용돈의 일부를 투자하는 것도 좋은 방법이 될 수 있어요.
또 매월 적립 예금을 붓고 있다면 그 일부를 암호화폐 구매로 돌려도 좋겠죠. 즉, '당장 사용하지 않아도 되는 돈을 투자하는 것'이 중요해요."

"당장 사용하지 않아도 되는 돈이라면 일시적으로 가격이 내려가도 '지금 당장 사용하지 않아도 되니 괜찮다' 라고 생각할 수 있고, 또 가격이 회복되어 올라가기를 기다릴 수도 있겠죠. 당장 사용할 일이 없는 여유 자금이나 용돈 일부를 투자하면 마음의 여유까지 유지할 수 있어요. 그러니 무리한 투자는 금물이에요."

"그렇군요. 큰 금액보다는 여유 자금으로 투자하는 것이 중요하군요!"

"맞아요. '소액 투자가 무슨 소용이 있겠냐' 라고 말하는 사람도 있는데 꼭 그렇지는 않아요. 실제로 사보면 암호화폐의 동향에 관심을 가질 수 있게 되어 뉴스를 받아들이는 방식도 달라지고, 지식이 깊어지면서 투자를 즐길 수 있게 되죠. 설령 소액이라도 투자하는 데 큰 가치가 있어요."

♦ 비트코인의 단위가 바뀐다?

비트코인은 1 BTC라는 단위가 기본 단위로 사용되지만, 업계에서는 BTC의 1억분의 1을 나타내는 '1사토시'를 기본 단위로 사용하려는 움직임이 생겨나고 있습니다. 이유는 비트코인의 가격이 급등하더라도 적당한 가격으로 매매하기 위함입니다.

비트코인은 약 0.0001 BTC부터 매매할 수 있는데, 만약 1 BTC가 1억 원이 되면 0.0001 BTC는 10,000원, 1 BTC가 10억 원일 때는 10만 원이 됩니다.
가격이 오르면 매매할 수 있는 최소액이 높아지므로 단위를 낮춰서 저렴한 가격으로도 매매할 수 있게 하려는 것이죠.

이미 이 단위를 기본 단위로 도입해서 사용 중인 거래소도 있습니다.

세상에서 제일 쉬운 암호화폐 입문서

가장 처음 구매해야 할 암호화폐는
비트코인과 이더리움!

"좋았어, 그럼 이제 저도 투자해 봐야겠어요. 비트코인 이외에 다른 화폐는 잘 모르지만, 아주 많이 오를 만한 코인은 없을까요? 크게 한 번 투자해보고 싶네요."

"태리님, 그걸 욕심이라고 부르는 거예요! 벌써 7가지 약속을 잊은 건 아니죠? 욕심을 부리면……?"

"앗! 위험을 눈치채지 못한다……였죠?"

"맞아요! 가격이 많이 오를 만한 대박 코인은 자산을 엄청나게 잃을 수 있는 코인이 될 수도 있다는 것을 명심하세요. 하이 리스크 하이 리턴이라는 말을 잊었다가는 험한 꼴을 당할 수 있죠. 아무 생각 없이 대박을 노리는 행위는 그저 도박일 뿐이에요. 암호화폐로 이익을 내고 싶다면 우선은 기본적인 투자를 익혀야만 해요."

"태리님, 항상 차분하기만 한 선생님께 매번 혼나는군요……. 그래도 태리님을 생각해서 하는 말이니까 귀담아들어 주세요."

"죄송해요. 잠시 마음이 들떴었네요."

"그럼 아까 한 말은 잊어버리고……. 단도직입적으로 말하자면 처음에는 비트코인과 이더리움을 사세요."

"비트코인과 이더리움!"

"네. 비트코인은 결제에 사용할 수 있는 암호화폐로 개발된 가상 화폐이고, 이더리움은 암호화폐 플랫폼으로 획기적인 블록체인을 이용해서 탄생한 가상화폐예요. 이렇게 유형이 다른 두 가지 암호화폐에 투자하면 양쪽을 모두 마음에 둘 수 있어 암호화폐에 관해 상세히 알 수 있게 되기 때문이에요."

"또 다른 이유는 비트코인과 이더리움에 투자하면 분산 투자를 할 수 있기 때문이죠.
투자할 때는 한 가지 자산에 집중하지 말고 여러 가지 자산에 분산 투자하는 편이 좋아요. A라는 자산에만 투자하면 A의 가격이 내려갔을 때 자산의 가치가 떨어지지만, B라는 자산을 함께 보유하고 있다면 A의 가격 하락을 B가 보완해줄 가능성이 있어요. 예를 들어 주식과 채권 등, 자산 전체의 가격 변동을 억제하는 효과를 노리고 분산 투자를 진행하는 거예요."

"흐음. 하지만 비트코인과 이더리움은 모두 암호화폐이니까 가격이 내려갈 때 동시에 내려가지 않나요?"

"태리님, 예리해요……!"

"확실히 그 부분이 참 미묘한 부분인데, 기본적으로 많은 암호화폐는 비트코인과 똑같이 가격이 변동되기 쉽고, 암호화폐에만 투자하면 충분한 분산 효과는 얻기 힘든 상황이에요. 하지만 최근에는 비트코인과 이더리움이 약간 다른 동향을 보이기도 해서 어느 한 쪽에 집중하기보다는 분산시키는 편이 좋다고 볼 수 있어요."

"한마디 덧붙이자면 암호화폐뿐만 아니라 주식이나 채권, 금 등에도 투자하면 분산 투자 효과를 얻을 수 있어요. 투자 경험이 없는 태리님이 처음부터 많은 자산을 투자하기는 어려울 테니 시간을 들여 조금씩 주식 등에 투자하는 것도 좋을 거예요."

"처음에 비트코인을 사고, 익숙해진 후에 이더리움을 시작해도 좋겠지만, 두 가지를 동시에 사면 가격 변동의 차이를 쉽게 이해할 수 있을 거예요."

"비트코인과 이더리움의 과거 가격 변동도 정리해 드릴게요."

■ 비트코인의 가격 변동(주봉 차트) ■

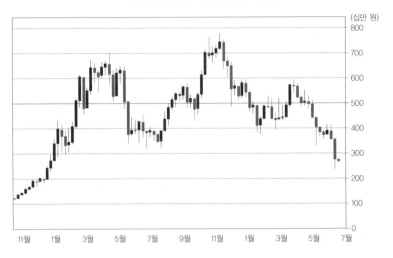

(Trading View 발췌)

■ 이더리움의 가격 변동(주봉 차트) ■

(Trading View 발췌)

다른 코인에 투자하기는 아직 이르다!

"태리님, 비트코인과 이더리움을 사야 한다는 건 이해가 되나요? 근데 다른 코인도 신경 쓰이죠?"

"아녜요, 그렇지도 않아요. 2교시에서 배운 게임이나 메타버스, NFT에 관한 코인은 아직 저에게는 이른…… 거 같아요."

"맞아요. 확실히 주목받고 있는 코인은 많지만, 기본 중의 기본은 비트코인과 이더리움이에요. 왜냐하면 메타버스나 NFT 등을 지원해주고 있는 것은 이더리움의 블록체인 기술이고, NFT나 메타버스, DeFi 등이 성행하면 암호화폐의 시장 전체가 성장할 것으로 기대되는 상황이라 그 상징적 존재인 비트코인과 이더리움을 보유하고 있다면 장기 성장의 흐름을 탈 수 있다고 볼 수 있기 때문이에요.
따라서 우선은 비트코인과 이더리움에 투자해서 어느 정도 익숙해지면 다른 코인을 조금씩 사는 것도 좋을 거예요."

"우선 가장 편하고 안전한 방법부터 시작하는 거군요!"

장기 보유가 가장 편한 방법

 "Homeroom에서 '조금씩 사고, 오래 보유해야 한다'라고 했었죠?"

"맞아요!"

"단기간에 돈을 벌고 싶다고 생각하는 사람도 적지 않지만, 비트코인이나 이더리움 투자는 장기 투자가 기본이에요. 10년 후, 20년 후 등, 장기간 보유한다는 생각으로 실제로 이익을 실현한 사람 대부분은 그런 자세로 투자하고 있어요.

예를 들어 2017년에 비트코인의 가격이 2,000만 원을 넘어섰을 때 당시에는 거품일 거라는 이야기도 나왔지만, 그때도 팔지 않고 지금도 보유하고 있는 사람이 억만장자가 되었죠."

"맞아요. 2017년에 2,000만 원을 넘어선 후, 일시적으로 360만 원까지 내려갔지만, 그 후 6,000만 원이 되더니 7,000만 원이 되었어요. 2017년 즈음에 1 BTC를 100만 원에 샀다면 100만 원이 금세 2,000만 원으로 올랐을 것이고, 360만 원으로 하락했지만, 그것을 뛰어넘어 8,000만 원이 된 적도 있었죠. 지금은 좀 떨어진 상태이고 앞으로 가격이 또다시 큰 폭으로 떨어질 수도 있겠지만, 장기 보유의 장점을 보여주는 단적인 예시예요."

"비트코인과 이더리움은 산 후에 계속 가지고 있으면 좋아요."

"하지만…… 이미 비트코인은 너무 비싸진 거 아닌가요?"

"2,000만 원일 때도 거품이라는 소리를 들었지만, 그 이후에 가격이 두 배 이상 상승했어요. 앞서 여러 차례 이야기했듯이 우리 COINCATS는 비트코인의 이용이 늘어나고 있다는 점과 이더리움의 블록체인 기술의 응용이 진행되고 있다는 점에서 앞으로 가치가 더 오를 것이라고 생각하고 있어요."

"우리 모임에 참가 중인 분 중에도 장기 보유하는 분이 많이 있지만, 유튜버나 인플루언서들이 추천하는 코인 등을 단기간에 매매하고 싶어 하는 사람도 분명히 있어요.
저도 그랬지만, 초보자일수록 사면 금방 가격이 오를 거라고 생각하고, 암호화폐의 투자 경험을 많이 쌓은 사람일수록 장기 보유를 지향하는 경향이 있어요. 암호화폐에 대해 이해가 깊어졌기 때문이에요."

"암호화폐는 가격 변동이 크다는 점이 주목을 받으면 초보자들은 가격이 올랐을 때 얼른 팔아야 한다고 생각하기 쉬워요.

그런 사람은 조금이라도 가격이 내려가면 쉽게 동요하고, 암호화폐 혐오로 이어지는 사람도 있는가 하면 다른 코인을 찾는 사람도 있어요. 반대로 관심을 가지고 다양한 정보를 수집하는 사람은 암호화폐의 잠재력을 이해하고 있죠. 그러면 '팔기에는 아깝다'라는 생각에 자연스럽게 장기 보유를 선택하게 돼요. 제가 바로 그 부류예요."

가장 많이 떨어졌을 때 사면 좋지만

"가격 변동이 크다고 들었는데 실제로 어떤가요?"

"하루에 약 40%가 하락한 적도 있어요. 코로나가 창궐했던 2020년 3월에 그랬었죠."

"헉. 그러면 100만 원이 60만 원이 되었다는 거네요……. 그럴 때는 기분이 어떠셨어요?"

"순간 슬펐지만, 그 반면 '저렴하게 구매할 기회!' 라고 생각했어요!"

 "동감이에요~!"

"오오, 그렇군요, 저라면 울지도 몰라요."

"왜냐하면 코로나바이러스 때문에 금융 시장의 혼란으로 가격이 내려갔을 뿐 비트코인이 가치를 잃은 것도, 매력이 떨어진 것도 아니었으니까요."

"맞아요. 예를 들어 인기 있는 운동화를 할인 판매로 저렴하게 살 수 있으면 이득이잖아요? 그것과 똑같다고 볼 수 있어요. 가치는 변하지 않지만, 경기가 안 좋아져서 소비자가 지갑을 닫으니 사는 사람이 줄어서 가격이 내려갔을 뿐이에요. 가치와는 상관없이 가격이 내려가는 경우는 투자 세계에서는 흔히 있는 일이죠. 가치는 변하지 않았다고 생각한다면 가격이 내려가도 당황하지 않고 오히려 저렴하게 구매할 기회라고 생각할 수 있어요."

"사실은 코로나 여파로 나라에서 지급된 특별재난지원금인 100만 원으로 비트코인을 샀다는 사람도 많다고 해요. 코로나 여파로 가격이 내려간 시기에 샀다면 1년에 10배 정도는 벌었을 거예요."

"그렇군요. 그럼 저도 내려갔을 때 사야겠어요."

▪ 단기 투자와 장기 투자는 무엇이 다를까? ▪

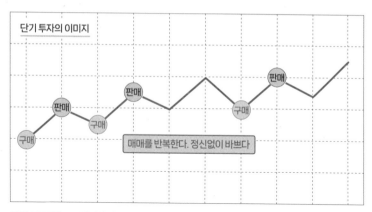

단기 투자란? … × 정신없이 바쁘다
　　　　　　 × 가격을 자주 확인해야 한다
　　　　　　 × 마음대로 되지 않는다

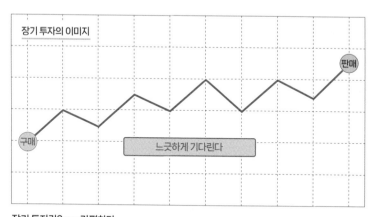

장기 투자란? … ○ 간편하다
　　　　　　 ○ 가격을 자주 확인하지 않아도 된다
　　　　　　 ○ 실패할 일이 거의 없다

세상에서 제일 쉬운 암호화폐 입문서

"음. 그렇게 할 수 있을까요?"

"네? 무슨 문제라도 있나요?"

"저렴할 때 사면 유리한 건 확실해요. 하지만 그렇게 간단한 문제가 아니에요. 저렴할 때 사려고 해도 좀처럼 가격이 내려가지 않아서 사지 못하기도 해요."

"막상 가격이 내려갔을 때 사기 두려워지거나, 저렴해지면 사려고 했는데 가격이 더 떨어지면 타이밍을 맞추기 굉장히 힘들어져요. 손쉽게 타이밍을 맞출 수 있다면 아무도 괴로워할 일이 없겠죠?"

가격을 신경 쓰지 않고
매월 적립 구매한다

"저렴하게 사고 비쌀 때 판다고 생각하면 욕심이 과해져서 원하는 대로 진행되지 않아요. 그래서 저는 한 달에 한 번, 정기적으로 정해진 금액으로 묵묵히 사고 있어요."

"가격이 엄청나게 오르거나 내려가는지를 신경 쓰지 않고요?"

🐹 "네. 가격이 비싸든 싸든 금액을 바꾸지 않고 항상 똑같은 금액으로 사고 있어요."

🐹 "정기적으로 사려면 적립 구매나 적립 투자라는 방법이 있어요. 예를 들어 매월 10만 원씩 적립하는 경우, 매월 10만 원으로 살 수 있는 만큼만 사는 거죠. 이 방법은 '매입원가 평균법(Dollar Cost Averaging)'이라는 구매 방법으로 저렴할 때는 많이, 비쌀 때는 적은 양을 사서 평균 구매 가격을 억제할 수 있어요. 이를 '시간 분산 효과'라고 해요."

🐺 "암호화폐는 가격 변동이 큰 만큼 한꺼번에 많이 구매하면 위험성이 커져요. 그래서 조금씩 꾸준히 사야 안심할 수 있죠."

적립 구매 시에는
약간의 가격 차이는 신경 쓰지 말자

🐺 "저도 정기적으로 사고 있어요."

🐹 "저도요. 날짜까지 정하지는 않고 월말 정도에 사고 있어요."

 "월말에 저렴해질 때를 노리고 사는 건가요?"

"저렴해질 때라기보다는 월말에 가까워졌을 때 사고 있어요. 앞서 말했듯이 저렴할 때 사려고 하면 주저하게 돼서 사기 힘들어지니까요. 암호화폐는 여전히 가치가 오를 것이라고 생각하기 때문에 조금이라도 저렴할 때 사려고 우왕좌왕하기보다 확실히 사서 양을 늘리는 편이 낫다고 생각해요."

"그렇군요. 확실히 사둔다라…. 심도 깊은 이야기네요."

■ 매입원가 평균법은 가장 편한 투자 방법 ■

(원)

200,000

200,000원

150,000

150,000원

150,000원

가격

100,000

100,000원

100,000원

75,000

50,000

50,000원

0

1월　　2월　　3월　　4월　　5월　　6월

시간

매월 정해진 금액만큼의 양만 구매하면 구매 가격이 평균화돼서 높은 가격으로 많이 구매할 위험성을 낮춰주는 방법.
예를 들어 위 그림처럼 매월 정해진 날짜에 1코인씩 6회 사는 경우, 1코인의 평균 거래 단가는 125,000원이 된다.
한편 15만 원일 때 6코인을 한 번에 샀다면 90만 원이 들어 1코인의 평균 거래 단가는 15만원이 된다.

"저도 조금씩 사면 약간의 가격 차이를 크게 신경 쓰지 않아도 된다는 생각이 들어서 월말에 마음이 내키는 날에 사고 있어요. 가격이 높아졌을 때는 '사지 않는 편이 좋으려나' 라는 생각이 들기 쉽지만, 기본적으로는 건너뛰지 않고 구매하고 있어요. 가격을 보고 건너뛰어 버리면 결국 투자할 수 없는 패턴이 생길 수밖에 없기 때문이에요."

"처음에는 소액으로 사보다가 구매 방법이나 가격 변동에 익숙해졌을 때, 본격적으로 투자해보자는 생각이 들었다면 매월 정기적으로 구매하는 방법도 검토해보면 좋겠죠."

"예를 들어 매월 30만 원 저축하고 있다면 그중에 10만 원, 매월 10만 원을 저축하고 있다면 그중에 3만 원 등, 부담되지 않는 금액으로 매월 조금씩 산다든지 말이에요."

"단, 암호화폐는 장기 투자가 기본이니 결혼 자금이나 집을 사기 위한 돈, 자녀 교육비 등은 예금 등으로 저축하는 편이 좋아요. 어디까지나 여유 자금으로 암호화폐에 투자해야 한다는 사실을 잊지 마세요."

자동 적립 구매가 나을까,
수동 적립 구매가 나을까?

👦 "근데 매달 꾸준히 구매할 수 있을까요?"

👧 "비트코인 등을 매월, 정해진 날에 미리 지정한 금액으로 자동 구매할 수 있는 서비스도 있어요. 한 번 절차를 밟아두면 자동으로 진행되니 편하죠."

👩 "단, 자동 적립 구매 서비스에서는 거래소에서 직접 절차를 밟아서 사는 것보다는 가격이 비싸지기도 하니 유리하게 사고 싶은 사람은 조금씩 직접 사는 게 좋을 거예요. 그렇지만 바빠서 정기적으로 사기 어렵다거나, 가격을 보고 망설여지는 사람이라면 자동 적립 구매 서비스를 검토해보면 좋겠죠."

👦 "매월 사기 귀찮거나 신속하게 투자하고 싶은 사람은요?"

👩 "예를 들어 1,000만 원을 투자하고 싶다면 1,000만 원을 한 번에 다 사지 말고, 200만 원씩 다섯 차례에 걸쳐서 사는 거예요. 한 번에 큰 금액을 투자하면 위험성이 커지니 피하는 편이 아무래도 무난하겠죠."

"역시 저렴할 때 많이 사는 건 불가능할까요?"

 "조금 저렴해지기를 기다리는 사이에 점점 가격이 올라서 아예 사지 못하는 사람도 있어요."

'언제', '얼마씩 구매해야 할지'를 정한다

 "주식 투자의 신이라고 불리는 워런 버핏은 투자를 잘하려면 가장 먼저 규칙을 정하고, 그 규칙을 지키는 것이 가장 중요하다고 말했어요. 이러한 구매 규칙을 가지고 '언제', '얼마씩 구매해야 할지'를 정해야 하죠.

'언제'는 매월 마지막 주 중에 하루나 매월 15일처럼 자신에 맞는 날짜로 정하고, '얼마씩 구매해야 할지'는 부담 없는 금액으로 설정하면 돼요. 그리고 그 규칙을 지키면 타이밍을 놓쳐서 투자하지 못하는 경우를 피할 수 있고, 욕심도 억제할 수 있어서 큰 실패를 쉽게 막을 수 있어요."

 "개인적으로 다양한 사람을 상담하다 보면 머리로는 이해하고 있으면서도 한꺼번에 많이 사버리는 사람들이 있어요. 빠르게 많은 이익을 실현하고 싶은 마음도 이해는 되지만, 꼭 분산 투자해야 해요. 우선은 규칙을 지켜서 사야 하죠."

"비트코인이나 이더리움을 매월 소량 구매, 장기 보유하기를 기본으로 하고, 용돈이나 보너스 일부로 비트코인을 단기간에 매매해보거나, 다른 코인을 사보는 것도 좋겠죠. 어디까지나 도전해본다는 생각으로요."

"그렇군요. 재미있을 거 같네요!"

"하지만 이 또한 어느 정도 익숙해진 후의 이야기예요. 기본은 '비트코인과 이더리움'을 '정기적으로 사서', '장기 보유'해야 한다는 점이예요. 태리님은 우선 그것부터 시작해 보세요!"

장기 보유를 기본으로
일부만 이익 실현하는 것도 좋은 방법

"팔 타이밍도 고민이 될 거 같아요……."

"그런 질문이나 상담도 많이 받아요. 언제 사면 좋을지와 더불어 언제 팔면 좋을지를 궁금해하더라고요."

"본인의 돈으로 투자하는 것이기 때문에 기본적으로 사는 타이밍과 파는 타이밍은 스스로 판단하고 결정해야 해요. 또 사람마다 투자 목적이나 팔고 싶은 목적도 다르다 보니 일괄적으로 '이때다' 라고 콕 집어 대답하기 힘들기도 하고요."

"근데 어떻게 판단하면 좋을지 모르겠어요."

"맞아요. 꾸준한 경험 쌓기와 공부도 중요하지만, 기본적으로는 장기간 보유하기 위해 산 가상화폐는 팔지 않고 계속 가지고 있겠다고 생각해야 해요. 그 사이에 가격이 올라 발생한 이익은 현금이 필요해 졌을 때 필요한 만큼만 파는 것도 한 가지 방법이죠.
또는 어느 정도 가격이 올라서 이익이 발생했을 때, 한꺼번에 전부가 아니라 4분의 1만 파는 등, 이익을 조금씩 실현해나가는 것도 한 가지 방법이에요. 살 때뿐만 아니라 팔 때도 조금씩 해보면서 암호화폐의 가격 변동 위험을 낮추면 더욱더 안전한 투자가 가능해져요."

"그렇군요. 팔 때도 조금씩 파는 것이 좋군요."

"코인을 사기 전에 미리 팔 시기를 생각해두는 방법도 추천해 드려요."

"무슨 뜻이죠?"

"충동적으로 사버리면 막상 가격이 변동되었을 때 어떻게 해야 할지 몰라 당황하는 경우도 있어요. 따라서 사기 전에 '이건 장기 보유용이니 팔지 말자' 라거나 '10%의 이익이 발생하면 팔자' 라고 자신만의 규칙을 정해두는 거죠. 그렇게 해두면 가격 변동이 있을 때 자신이 어떻게 행동하면 좋을지 냉정히 판단할 수 있어 실수를 줄일 수 있어요."

"그렇군요! 꼭 기억해 두어야겠네요."

투자 동료가 생기면 가격이 내려가는 상황이라도
당황하지 않게 된다

"가격이 내려가면 동요할 거 같아요."

"코로나 여파로 40%가 하락했을 때는 정말 놀랐어요. 하지만 당황하거나 팔려고 하지는 않았어요. 몇 번씩 가격 하락을 경험하면 '일시적인 하락'이라고 생각할 수 있게 되어 '비트코인이 가치를 잃은 것이 아니라 외적 요인으로 떨어졌을 뿐이니 일정 시간이 지나면 가격이 되돌아올 가능성이 크다'라고 생각할 수 있게 돼요."

"맞아요. 저도 처음에는 가격이 조금이라도 떨어지면 마음을 졸였지만, 가격 변동이 있을 수밖에 없다는 사실을 알게 되었고, 지금은 익숙해져서 크게 신경이 쓰이지 않아요. 장기 투자이니 초조해할 필요도 없고 선생님이나 BB님이 전혀 동요하지 않으니 덩달아 당황할 일도 없다고 해야 할까요……."

"그렇군요, 그런데 '장기'는 몇 년 정도의 기간을 말하는 건가요?"

"투자에서 말하는 '장기'는 명확한 정의가 없어서 1년이라고 말하는 사람도 있는가 하면 5년, 10년이라고 말하는 사람도 있어요. 우리는 최소 5년 이상은 사용하지 않아도 되는 돈, 가능한 한 노후까지 사용하지 않아도 되는 돈, 다시 말해 조바심을 내며 팔지 않아도 되는 돈을 투자할 수 있다면 안심할 수 있다고 생각하고 있어요."

 "가격이 내려갔을 때도 주변에 경험을 쌓은 사람이 있으면 마음이 든든하겠어요."

"맞아요. 그게 정말 중요해요.

저는 주변에 선생님이나 BB님이 있어서 다행이지만, 주변에 경험자가 없다면 투자하는 사람의 블로그를 읽거나 동영상을 보는 것도 좋아요. 우리는 매월, 공부 모임이나 오프라인 모임을 열고 있는데, 그런 환경 안에 들어가 보는 것도 한 가지 방법이 될 수 있어요. 다른 사람이 어떻게 생각하는지, 어떻게 행동하는지를 알면 참고할 수 있는 부분이 생겨 생각이 복잡해지지 않아요. 정보도 얻을 수 있고, 자신의 경험을 통해 조언해주는 사람도 있죠.

많은 사람들은 가족이나 친구와 돈 이야기나 투자 이야기를 피하려는 경향이 있으니 투자를 하다 보면 고독감을 느끼는 분도 적지 않아요. 공부 모임 등에 참가하면 용기가 생기고 상담도 할 수 있어 꾸준히 투자하는 데 아주 효과적이에요."

"맞아요. '가격 변동이 심하지만, 여유 자금으로 투자하고 있으니 그렇게까지 불안해하지 않아도 된다' 라는 등의 좋은 의견도 많이 들을 수 있어요."

"그런 환경에 놓이게 되면 가격이 내려가더라도 동요하지 않고 구매할 기회라고 생각할 수 있을까요?"

"분명 그렇게 될 거예요. 오히려 저는 가격이 내려가면 더 떨어지기를 바라기도 해요. 정기적으로 사는 것과 별개로 가격이 내려갔을 때 조금씩 사는 경우도 많아요. 본격적으로 웹 시대에 돌입하면 비트코인과 이더리움은 장기적으로 가치가 상승할 테니 일시적으로 가격이 내려가면 저렴하게 살 기회이니 환영할 수밖에 없죠."

"가치가 오른다고 생각하면 일시적인 가격 하락에도 당황하지 않을 수 있군요."

"네. 그래서 암호화폐의 가치를 잘 이해한 후에 투자하는 것이 중요해요."

"'금방 돈을 벌 수 있을 거야!'가 아니라 '장기 투자로 이익을 실현할 수 있으니 투자한다' 라는 마음만 잊지 않으면 일시적인 가격 하

세상에서 제일 쉬운 암호화폐 입문서

락에 동요하지 않고 오래 보유할 수 있어요. 하지만 인간은 마음이 약한 존재이다 보니 동료를 만들거나 폭넓은 정보를 수집하는 것도 중요해요."

3 교 시 요점 정리 ✏️

☐ 기업과 개인 모두 암호 자산에 대한 투자가 늘어나는 중이다.

☐ 생활비나 예비금으로 투자해서는 안 된다.

☐ 가장 처음 구매해야 할 암호화폐는 '비트코인'과 '이더리움'이다.

☐ 가장 편한 투자 방법은 '조금씩 사기와 오래 보유하기'이다.

☐ 좌절하지 않으려면 동료나 신뢰할 수 있는 정보원을 찾는다.

실천! 계좌 개설부터
매매, 송금하기

계좌는 여러 거래소에서 개설하자

"어느 정도 공부했으니 저도 비트코인과 이더리움에 투자해 볼 게요."

"그러면 우선 계좌부터 개설해야겠네요. 계좌를 개설하면 입금해서 비트코인을 산 후에 나중에 매각해서 현금화할 수 있어요."

"암호화폐는 증권 회사가 아니라 거래소에서 사야 하죠?"

"맞아요. 금융위원회가 관할하는 등록 제도가 있는데 기본적으로 그곳에 등록되어 있는 가상자산 거래소가 운영하는 거래소에서 매매해야 해요. 등록된 가상자산 거래소는 업무 내용이나 체제 등의 일정 기준이 충족되어 있어요. 그중에서 화면의 가시성, 조작의 편리성, 수수료나 보안적인 면을 확인해서 선택하면 좋아요."

"우리같은 초보자도 사용하기 편한 거래소로 주목하고 있는 회사는 업비트, 빗썸, 코인원, 코빗 이렇게 네 곳이에요."

"미성년자도 투자할 수 있냐는 질문도 많은데 예전에는 가능했었지만 현재는 만 19세 이상이어야만 계좌를 개설할 수 있어요. 즉, 암호화폐 투자는 만 19세부터 가능하다고 생각하면 돼요."

"그리고 곧바로 할 필요는 없지만, 가능한 한 계좌를 여러 개 가지고 있으면 좋아요."

"어째서 여러 개가 필요하죠?"

"전에도 말씀드렸듯이 거래소가 파산하거나, 해킹에 맞닥뜨릴 위험도 있기 때문이에요. 법 규제나 자율 규제가 있어서 그러한 경우에도 고객의 자산을 확보해주는 시스템이 갖춰져 있지만, 여러 계좌로 나눠두면 더 안심할 수 있으니까요."

"편리성이라는 의미에서도 여러 개를 가지고 있으면 좋아요. 예를 들어 거래소가 시스템 점검할 때 등, 일시적으로 거래가 중지되어 사고 싶을 때 살 수 없고, 팔고 싶을 때 팔 수 없을 때도 있을 수 있어요."

"실제로 비트코인이 폭락했을 때, 어느 거래소에서 거래가 집중되면서 몇 차례 서버가 다운되는 일도 있었어요. 그렇게 되면 거래소를 사용할 수 없는 사이에 가격에 변동이 생겨 자신이 매매하고 싶은 타이밍을 놓칠 수 있죠. 그러면 경우에 따라서는 큰 손실을 볼 수 있어요. 그렇게 빈번히 일어나는 일은 아니지만, 과거에는 그런 적도 있으니 계좌를 여러 개 가지고 있으면 조금 더 안심할 수 있어요."

"그렇군요."

"계좌 두 개를 만들어서 하나는 노후 자금을 위한 투자, 또 다른 하나는 소액 단기 투자용으로 사용하는 등 목적에 맞게 나누어두는 것도 좋은 방법이에요.
우선은 계좌를 하나 만들어서 투자를 시작한 후에 익숙해지면 또 하나의 계좌 개설을 검토해보면 좋을 거예요."

■ 추천 거래소 ■

거래소	특징
업비트	2017년에 설립. 현재 해외 거래소를 포함하여 국내에서 가장 많은 분들이 이용하는 활발한 거래소로 국내에서는 업계 1위입니다. 거래량이 많아 체결 속도가 빠르며, 수수료가 저렴하고 편리한 사용자 인터페이스로 인해 처음 코인 거래를 시작하시는 분들이 많이 사용하는 거래소 중 하나입니다.
빗썸	2014년에 설립. 정보보호 관계 법령을 철저히 준수하면서 지속적인 외부 보안 컨설팅을 통해서 금융회사와 비슷한 수준의 보안 시스템을 가지고 있습니다. 거래소 중에서 가장 많은 종류의 코인 거래가 가능하며 안정성이 높아서 빠르고 쉬운 매매를 원하는 분들에게 적합합니다.

코인원	2014년에 설립. 사용자 인터페이스가 뛰어나서 편리하다고 알려져 있으며 농협은행 계좌 개설을 통해 거래를 진행합니다. 설립 이후 무사고를 유지하고 있으나 상대적으로 적은 거래량으로 원활한 거래가 이뤄지지 않을 수 있습니다.
코빗	2013년에 설립. 대한민국 최초의 암호화폐 거래소로 신규 상장이 가장 활발하게 이루어지고 있다는 장점이 있습니다. 서버 안정성과 보안 수준이 높아 사고 발생 빈도가 낮으며, 엄격한 기준으로 관리함에 의해 거래량이 적어 거래 시간이 지체될 수 있습니다.

계좌는 무료로 개설할 수 있다

"계좌는 개설하기 어려운가요?"

"자신의 사진이 있는 본인 확인 자료만 있으면 간단히 만들 수 있어요. 스마트폰에서도, 컴퓨터에서도 만들 수 있는데, 본인 확인 서류를 촬영해서 보내야 해서 사진 촬영이 가능한 스마트폰이나 태블릿 등이 편리해요."

"본인 확인 서류는 주민등록증, 운전면허증 등이 필요하군요. 저는 스마트폰으로 계좌를 개설해봐야겠어요."

"그러면 우선은 거래소 애플리케이션을 설치해 주세요. 거래소에 따라 다소의 차이는 있지만, 보통은 '회원가입'을 터치해서 이메일이나 비밀번호를 입력하면 곧바로 확인 메일이 도착하니 메일에 있는 URL을 클릭하세요. 그리고 본인 확인을 거친 후, 이용약관을 확인한 후에 동의하면 돼요."

😊 "흔히 하는 회원가입과 비슷하네요."

🦝 "맞아요. 그 후에 전화번호 인증을 위해 전화번호를 입력하고 도착한 문자 메시지에 있는 인증 코드를 애플리케이션에 입력해요. 그리고 이름과 생년월일, 주소, 직업 등을 등록합니다. 일반적인 회원가입과 다른 점은 거래소에 따라 금융 자산의 상황이나 투자하게 된 동기 등을 입력하는 칸이 있어요.

또 본인 확인 서류를 제출하기 위해 제출할 서류와 자신의 얼굴 사진을 촬영해야 해요. 서류는 앞면이나 뒷면 외에 옆면(두께)을 촬영하거나 얼굴 사진은 좌측과 우측에서 촬영하라는 등의 지시 사항이 있을 수 있으니 그에 따라 주세요. 모든 입력이 끝나면 계좌 개설 완료 이메일을 받을 수 있어요. 요즘은 앱을 다운받아 설치한 후 바로 실행해서 몇 번의 과정만 거치면 바로 계좌가 개설되는 거래소가 대부분이에요."

자기 계좌에 돈을 입금한다

"계좌를 개설했다면 이제는 입금할 차례예요."

"어떻게 입금하면 되죠?"

"입금 방법에는 다음과 같은 방법이 있어요."

❶ 은행에 방문하여 거래소의 자기 계좌로 이체
❷ 인터넷 뱅킹으로 자신의 은행 계좌에서 입금

"인터넷 뱅킹 입금은 365일 24시간, 언제든지 입금할 수 있어요."

"저도 인터넷 뱅킹은 사용하니까 그걸로 입금하면 좋겠네요."

"단, 인터넷 뱅킹 입금에서는 입금 확인 후 바로 매매할 수 있지만, 입금하고 나서 24~72시간 이내에는 출금할 수 없는 등의 제한이 있어요. 보이스피싱이나 자금 세탁 및 테러 자금 대책을 위한 규정이죠."

스마트폰에서의 암호화폐 계좌 개설 단계(업비트의 예)

① '업비트'를 검색하여 애플리케이션을 다운로드하여 설치한다.

② 업비트 앱을 실행하여 [업비트 로그인]을 한다.

③ 본인 인증 절차를 진행한다.

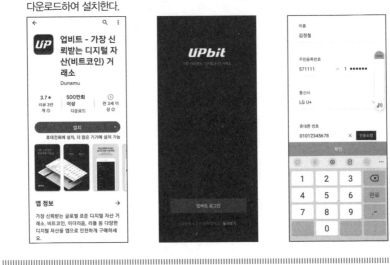

④ 거래하고자 하는 금융기관을 선택한다.

⑤ 은행 계좌 인증을 진행한다.

⑥ 지정한 은행계좌에 입금된 명단 앞 3자리 숫자를 확인한다.

세상에서 제일 쉬운 암호화폐 입문서

⑦ 확인한 3자리 숫자를 입력하여 [인증하기]를 누른다.

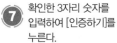

1원을 입금했어요.
'업비트' 앞 숫자 3자리를
입력해 주세요.

| 5 | 0 | 4 |

인증번호는 어떻게 확인하나요?

하나은행 1234567891234 변경 >

· 신청이 많은 경우, 1원 입금이 5분이상 소요될 수 있습니다.
· 입금 내역과 엉뚱한 계좌 정보를 다시 한 번 확인해 주세요.

1원 인증하기 (04:08)

⑧ 앞으로 업비트에서 거래할 때 사용할 6자리 PIN 번호를 설정한다.

PIN 비밀번호 설정

동일하거나 연속된 숫자 및 개인정보 관련
숫자는 등록이 제한됩니다.

· · · · · ·

3	8	4
6	9	2
0	7	1
	5	×

⑨ 업비트에서 사용할 닉네임을 설정한다.

사용할 닉네임을
입력해 주세요.

업비트 서비스 내 이용자 식별을
위해사용됩니다.

닉네임
아티오

✔ 전체동의

✔ (필수) 업비트 이용약관   >
✔ (필수) 개인정보 수집 및 이용   >
✔ (필수) 만 19세 이상
✔ (선택) 이벤트, 우대혜택 등의 안내 수신

확인

⑩ [업비트 시작]을 누르면 실행된다.

지금부터 업비트를
시작할 수 있어요.

UPbit

업비트 시작

● 계좌는 무료로 개설할 수 있다.
● 주민등록증, 운전면허증처럼 얼굴 사진이 있는 본인 확인 서류를 준비한다. 단, 거래소에 따라 신분증이 필요없을 수도 있으며, 그런 경우입금 단계에서 신분증 확인을 하기도 한다.
● 계좌는 여러 거래소에서 개설하는 것을 추천한다.

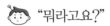 "뭐라고요?"

"자금 세탁은 탈세나 사기, 분식 결산, 마약 거래 등의 범죄를 통해 얻은 돈을 숨기기 위해 송금을 반복하는 것을 말해요. 가상자산 거래소에서는 개정된 자금 결제법이라는 법률에 따라 계좌 개설 시에 본인 확인 및 반사회성을 확인하는 등 부정 거래 감시가 의무예요. 출금 제한도 자금 세탁 등을 방지하기 위한 규정이에요."

"며칠간 출금할 수 없는 것이 딱히 곤란한 일은 없을 거 같긴 한데……."

"또, 입금하는 데 수수료가 드는 경우도 있으니 이 부분도 알아두세요.
은행에서 입금하는 경우, 은행에서 입금 수수료는 본인이 부담해야 하지만, 제휴 금융기관 등에서 이체했을 때 무료가 되는 경우도 있으니 확인해 보세요."

◆ 수수료의 종류
은행 입출금과 달리 가상자산 거래소에서는 입금, 출금, 거래할 때마다 매번 수수료가 지급됩니다.

세상에서 제일 쉬운 암호화폐 입문서

1. **입금 수수료** : 가상화폐 거래를 위해 자산을 입금할 때 발생하는 수수료. 대부분 거래소에서는 입금 시 수수료가 없는 경우가 많다. 업비트에서도 처음 가입하고 원화를 입금할 때에는 수수료가 없다.

2. **출금 수수료** : 거래소에 있는 자산을 원화로 출금하거나 다른 가상화폐로 출금할 때 발생하는 수수료

3. **거래 수수료** : 거래소 내에서 코인을 사고팔 때 발생하는 수수료

이러한 수수료 개념을 모르면 매각 시 생각했던 수익금이 적을 수도 있으며, 경우에 따라서는 손해를 볼 수도 있으니 수시로 단타 매매할 때에는 유의해야 합니다.

 "입금하면 바로 살 수 있나요?"

 "그것도 자주 듣는 질문이에요.

요즘은 속도가 빨라져서 바로바로 반영되긴 하지만 몰릴 때는 약간 시간이 걸릴 수도 있어요. 따라서 거래하고 싶을 때 입금하기보다는 사전에 입금해 두는 편이 좋겠죠.

입금한 돈은 거래소의 돈이 아니라 고객의 돈, 즉 태리님의 돈으로 분별해서 관리되니 만약 가상자산 거래소가 파산하는 경우에도 기본적으로 지킬 수는 있어요."

"저는 조금씩 입금하기 귀찮아서 어느 정도의 금액을 입금해 두고 거기에서 매월 정기적으로 사고 있어요."

 "저도 미리 입금해 두는 편이에요."

 "출금 방법도 그림으로 설명해 드릴게요."

④ 입출금 통장 만들기에서는 신분증이 필요하므로 준비한다.

⑤ 지시하는대로 신분증을 촬영하여 인증한다.

⑥ 지정한 타은행 계좌에 1원을 입금하여 실명 인증을 한다.

⑦ 입금된 앞 4자리 숫자를 입력한다.

⑧ 케이뱅크에서 사용할 체크 카드를 신청한다.

⑨ 모든 작업이 완료되면 원화 입출금 가능한 통장이 만들어진다.

거래소의 계좌에 입금하는 방법

① 로그인한 후에 하단의 [입출금]을 선택한다.

② 원화 입금을 원하는 경우 [원화]를 선택한다.

③ [입금하기]를 선택한다.

④ 금액을 입력하고 하단의 [입금신청]을 선택한다.

⑤ [2채널 인증하기]를 선택하여 추가 인증한다.

⑥ 입금이 완료되었다.

세상에서 제일 쉬운 암호화폐 입문서

거래소의 계좌에서 출금하는 방법

1 원화 출금을 원하는 경우 [원화]를 선택한다.

2 [출금하기]를 선택한다.

3 출금 금액을 입력한 후 [출금신청]을 선택하여 순서에 따라 출금한다.

업비트에서는 회원간 송금할 때는 무료이지만, 바로 원화를 출금할 때에는 1,000원의 출금 수수료가 든다.

암호화폐를 사고파는 방법

 "입금했으니 이제 구매를 하면 되겠네요."

 "이때 고려해야 할 점은 어느 거래소에서 사야할지를 정해야 하는데 가장 많이 사용하는 업비트를 기준으로 설명할께요. PC 버전과 모바일 버전으로 나눌 수 있는데 모바일 버전이 좀더 사용하기 편해요. 다른 거래소도 거의 비슷하니 한 번 사용해보면 어렵지 않게 적응할 수 있을거예요."

 "네, 잘 부탁드려요."

[그림1] 업비트 초기 화면

[그림2] 지정한 금액으로 매수할 때

[그림3] 지정한 금액으로 매도할 때

[그림4] 시장가로 매수 또는 매도할 때

[그림5] 예약 주문할 때

"업비트 앱을 실행하면 [그림1]과 같은 화면이 나와요. 상단의 [거래소]가 지정된 상태에서 [KRW]를 선택하면 돼요. [KRW]는 원화로 거래하는 것이고 [BTC]는 비트코인으로 다른 코인을 사고팔 때 사용하는 곳인데 초보자는 그냥 [KRW]만 사용하면 돼요."

"바로 밑에서 사고팔 수 있는 코인 종류가 나타나는데 사고싶은 코인을 선택하면 돼요. 그러면 [그림2]와 같은 화면이 나타나요."

👩 "여기서 알아야 할 것 중 하나가 구매 방법에는 [시장가 주문]과 [지정가 주문]이라는 두 가지 구매 방법이 있어요."

👦 "무슨 차이가 있죠?"

👩 "시장가 주문은 그때의 시장 상황에 따라 결정된 가격으로 매매하는 것이고, 지정가 주문은 매매하고 싶은 가격을 지정해서 주문하고 그 가격이 되면 매매가 성립되는 것이에요. 왼쪽 화면을 보면 판매자와 구매자의 매도와 매수 호가, 즉 어느 정도의 가격으로 매매 주문이 나왔는지가 표시돼요. 그것을 보면서 시장가 주문 또는 지정가 주문을 하는 거죠. 상단에 빨간 글씨가 매도 호가이고 하단의 파란 글씨가 매수 호가예요."

👩 "비트코인의 수량이나 투자하고 싶은 금액을 입력해서 '매수' 또는 '매도'를 선택하면 주문이 이루어져요."

👩 "단, 지정가 주문은 자신이 지정한 조건에 맞아야만 매매가 체결되기 때문에 시간이 걸리거나 조건이 안맞을 경우 불발되기도 해요."

👩 "시장가 주문을 할 경우 [그림4]처럼 '시장'을 선택한 후 매수나 매도를 하면 시장가에 맞추어 자동으로 체결되기 때문에 빠른 매매가

가능하지만 단점은 자신이 원하는 금액으로 매매가 이루어지지 않을 가능성이 많아요."

"또한 즉시는 아니더라도 자신이 원하는 특별한 금액으로 매매하기 원하면 [그림5]처럼 '예약'으로 신청할 수도 있어요. 그러면 언젠가 해당 금액과 매치되면 매매가 이루어져요."

"시장가 주문을 하느냐, 지정가 주문을 하느냐. 어렵네요."

"어렵게 생각할 필요없이 시장가 주문은 거래 화면 정보에서 가격 상황을 확인해서 '적당한 가격'이라는 생각이 들 때 주문만 하면 돼요."

"그렇군요. 그 정도라면 할 수 있겠어요. 근데 지정가 주문은요……?"

"거래 화면의 정보를 보면서 '이 정도 가격에 사고 싶다' 라는 희망 사항과 '이 가격이라면 살 수 있겠다(매매가 성립될 거 같다)' 라는 현실적인 면을 고려하면서 가격을 생각하는 거예요. 시장가 주문은 폭등이나 폭락 시에 생각했던 가격보다 높거나 낮을 수 있지만, 지정가 주문은 그 위험을 피할 수 있어요."

👧 "한편 시장가 주문은 주문이 성립되기 쉬운 것과 달리 지정가 주문에서는 그 시점의 가격과 동떨어진 금액을 지정하면 주문이 성립되기 어렵다는 단점도 있어요."

👧 "지정가 주문으로 되도록 확실히 구매하려면 거래 화면 중앙 부근의 금액을 참고해서 '이 정도면 살 수 있겠다' 라는 수준의 금액을 지정하면 좋아요. 그렇게 하면 주문이 쉽게 성립될 거예요."

👦 "지정가 주문도 할 수 있을 거 같네요. 근데 잘 진행되지 않으면 어떻게 되죠?"

👧 "지정한 가격으로 매매하지 못한 경우에는 주문을 취소하고 가격을 재검토한 후에 다시 주문하면 돼요. 그렇게 어렵게 생각하지 않아도 돼요."

👧 "어떻게든 '저렴하게 사고 싶다' 라는 마음도 이해되지만, 사소한 차이를 너무 신경 쓰지 않는 것도 중요해요. 조금씩 나눠서 사기, 적립 구매를 철저히 하면 큰 실패를 막을 수 있으니까요."

👧 "거래소에 따라서는 지정가 주문이 시장가 주문보다 수수료가 저렴한 경우도 있으니 확인해 보세요."

■ 시장가 주문과 지정가 주문은 무엇이 다를까? ■

지정가 주문		시장가 주문
사고 싶은(또는 팔고 싶은) 가격을 지정한다.	매매 방법	시장에서 책정된 가격으로 매매한다.
주문했을 때 파악할 수 있다.	실제 판매 가격	판매가 성립할 때까지 알 수 없다.
약간의 요령이 필요하다.	주문은 간단한가?	간단하다.
상황에 맞게 주문하면 성립된다.	매매는?	쉽게 성립된다.
상황에 맞지 않게 주문하면 성립되기 쉽지 않다.	주의사항은?	가격 변동이 심할 때는 의외의 가격으로 성립되기도 한다.

주문하기

스마트폰이나 컴퓨터로 24시간,
계좌 개설과 매매가 가능하다

"스마트폰에서는 애플리케이션을 사용하면 편리하고, 컴퓨터에서는 브라우저로 로그인하면 돼요. 둘 중에 사용하기 편리한 쪽을 선택해서 사용해 보세요."

"주식 시장은 시간이 정해져 있지만 24시간 거래할 수 있는 것도 암호화폐의 장점이에요."

"업무 시간 이외에도 매매할 수 있다는 점이 편리하군요. 혹시 노려야 할 시간대나 피해야 할 시간대가 있을까요?"

"시간대는 특별히 신경 쓰지 않아도 돼요."

"하지만 미국의 시장이 활발할 때, 즉 우리나라로 치면 밤 시간대에 가격이 크게 요동치는 경우가 있어요. 아시아 시장이 열리는 아침 시간대, 유럽 시장이 열리는 저녁 시간대도 가격 변동이 있을 수 있죠."

"그 뜻은 초단기로 매매하고 싶은 사람은 그런 시간대의 가격 변동도 꼭 확인해야겠네요?"

"저희는 그런 단기 매매는 그다지 추천하지 않으니 노코멘트할게요. 태리님은 초보자이니 그 부분은 특히 신경 쓰지 마세요."

암호화폐로 수익을 올렸을 때
세금은 어떻게 될까?

"암호화폐에 투자하려면 세금에 대해서도 파악해 두어야만 해요. 꼭 알아야 할 항목은 다음의 3가지 항목이에요."

➊ 암호화폐를 통해 얻은 이익은 '기타 소득'이 된다.

➋ '기타소득'이 250만 원을 초과하는 경우에는 확정 신고를 해야 한다.

➌ 초과된 금액에 대해 20%를 세금으로 납부한다.

◆ 암호화폐의 세금

암호화폐 거래에서 수익을 얻으면 특정 금융거래정보의 보고 및 이용 등에 관한 법률(특금법)에 의해 기타 소득으로 분류하여 소득세를 내야 합니다. 이 법률에 따르면 암호화폐를 거래 혹은 대여할 때 발생되는 소득이 250만 원을 초과하는 경우에 복권당첨과 같은 기타 소득으로 처리되어 20%의 세금(지방세 2% 별도)이 부과됩니다.

종합과세 대상은 아니므로 20%의 세금만 내면 분리과세 소득으로 완료됩니다. 예를 들어 비트코인 투자수익이 2,000만 원인 경우 250만원 공제금액을 뺀 차액인 1,750만원에 대해 소득세 20%를 내면 됩니다. 다만, 이 법률은 2025년 1월 1일부터 시행하기로 연기된 상태이며, 그때 가서 기간이 연장될 가능성도 있습니다.

 "확정 신고를 해야 하다니 왠지 귀찮네요……."

"비트코인 등을 사서 그 상태로 보유만 하고 있다면 세금은 들지 않고 확정 신고도 할 필요가 없어요. 그래서 장기 보유하는 사이에 세금 규정이 변경되길 바라고 있죠(웃음)."

가격보다 사회 정세에
민감해져야 한다

"텔레비전에서 볼법한 단타 매매자처럼 서재에 있는 컴퓨터로 멋지게 가격을 확인하는 게 좋을까요?"

"태리님 댁에 서재가 있어요?"

"있었으면 좋겠어요(웃음). 그래도 스마트폰 정도로는 확인할 수 있어요!"

"단기로 투자하려면 가격을 꼼꼼히 살펴봐야 하지만, 장기 투자의 경우에는 일시적인 가격 변동을 신경 쓰거나 매일 가격을 살펴볼 필요는 없어요."

"맞아요. 가격이 내려갔을 때 스트레스를 받을 거 같다면 가격 변동을 빈번히 살펴보지 않는 편이 좋아요. 무리하지 않는 선에서 자신이 할 수 있는 방법을 생각해보면 좋겠죠."

"오히려 주목해야 할 부분은 경제 상황이나 사회에서 일어나는 사건들이에요. 왜냐하면 그런 것들이 암호화폐 가격에 영향을 주기 때문이에요."

🐼 "가격을 자세히 살피기보다는 트렌드를 파악할 수 있어야 해요. 사회 정세가 지금 이렇게 돌아가고 있으니 이럴 때 비트코인은 이렇게 되기 쉽다는 등의 가격 변동 경향을 파악할 수 있으면 이상적이겠죠."

😮 "그렇군요……. 장기 투자가 생각보다 편한 거군요. 게다가 경제 상황이나 사회 사건을 파악하는 일은 (자신은 없지만) 사회인으로 당연한 일인 데다가 제대로 파악하려고 하다 보면 돈에 대해 조금씩 잘 알 수 있겠네요."

🐼 "제대로 이해하셨네요! 그것이 투자의 이점 중 하나예요!"

차트를 보는 방법은
이것만 알아두면 OK!

 "인제 와서 말하기 뭣하지만, 사실 차트를 어떻게 보는 건지 모르겠어요……. 아무리 빈번히 확인하지 않아도 된다고 하더라도 아예 모르면 안 되잖아요. 왠지 부끄럽네요."

 "괜찮으니 무엇이든지 물어보세요.

차트는 과거의 가격 변동을 나타내는 표예요. 가격 추이를 선으로 나타낸 선 차트(Line Chart)뿐만 아니라 봉 차트(Candle chart)라는 것도 있죠."

 "봉 차트요?"

 "봉 차트에는 '일봉 차트'나 '주봉 차트' 등이 있어요.

일봉 차트는 그날 첫 가격(시가)보다 그날의 마지막 가격(종가)이 높은 경우, 봉의 몸체가 녹색 등의 '양봉'이 돼요. 반대로 시가보다 종가가 낮은 경우에는 봉의 몸체가 적색 등의 '음봉'이 되죠. 색은 거래소 등에 따라 다르니 주의해 주세요."

 "그렇군요."

🐹 "몸체 위쪽에 나와 있는 선을 '윗그림자'라고 하며 그날 가장 높았던 가격(고가), 아래로 나와 있는 선을 '아랫그림자'라고 하며 그날 가장 낮은 가격(저가)을 나타내요."

😊 "그 뜻은 봉 하나하나가 그날 가격이 올라갔는지 내려갔는지를 나타내고, 고가와 저가가 얼마였는지를 나타낸다는 거군요."

👩 "맞아요. 주봉 차트는 1주간의 변동, 월봉 차트는 1개월간의 변동을 나타내요. 그 봉이 연속해 있는 것이 봉 차트예요."

🐹 "차트를 통해 매매 기회를 찾는 것을 차트 분석 또는 테크니컬 분석이라고 해요.

차트 분석은 결국 심리 분석과도 같아요. 사는 사람이 많으면 가격이 오르고 파는 사람이 많으면 가격이 내려가죠. 차트에는 그 결과가 나타나 있으니 차트에서 투자가의 심리가 어떻고, 어떤 행동을 취할지를 분석해서 다음은 어떻게 될지 예측하는 거예요.

'여기까지 올랐으니 과거 차트를 생각해보면 파는 사람이 많아지겠다'라거나 '여기까지 내려갔으니 오히려 다들 그만 팔고 저렴해진 가격으로 사려는 사람이 늘어날 수도 있겠다' 이렇게 말이죠."

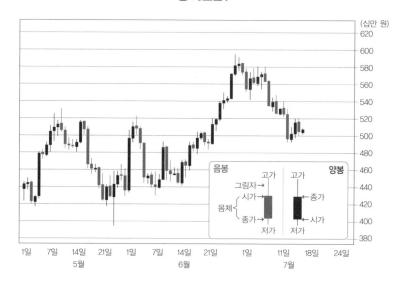

"제가 그런 분석을 할 수 있을까요……."

"걱정하지 마세요. 태리님 직접 분석할 필요 없어요!
분석은 투자를 업으로 삼는 사람이나 단기 매매를 하고 싶은 사람들에
게 맡기면 돼요. 장기 투자는 장기 가격 변동만 대략 이미지화할 수 있
으면 되고, 차트를 상세히 분석하지 않아도 돼요.

주로 단기 매매로 이익을 얻으려고 하면 누구보다도 확실히 분석해야
하지만, 그리 간단한 일은 아니에요. 최고의 투자 감각이 있는 몇 안
되는 사람이 아니고서는 느긋하게 장기 투자를 생각하는 편이 더 나아
요."

◆ **월렛의 필요성**

거래소에서 암호화폐를 산 후, 계좌에 가지고 있기만 하면 되나요?' 라는 질문을 많이 받습니다.

저는 '가지고 있기만 하면 된다' 라고 답해 줍니다.
앞서 이야기했듯이 거래소를 운영하는 가상자산 거래소가 책임지고 코인을 안전하게 보관해 주기 때문입니다.

단. 거래소 계좌에서 코인을 보관한다는 것은 그 코인이 거래소의 관리하에 있다는 뜻입니다. 만약 거래소가 시스템 점검에 들어가거나, 해킹 피해에 직면하게 되면 일시적으로 코인 매매나 송금이 불가능해지는 사태가 벌어질 수 있습니다. 비교적 안전하게 자산을 관리할 수 있는 대신에 그럴 위험도 있죠.

그러한 사태를 회피하고 싶은 경우에는 어떻게 하면 좋을까요?
그때 필요한 것이 바로 '월렛'입니다.

월렛이란 암호화폐를 넣어두기 위한 '지갑'으로 코인 보관이나 송금 등을 할 수 있습니다. 전용 애플리케이션을 설치하면 누구나 간단히 소유할 수 있고 비용도 들지 않죠.

유명한 월렛 애플리케이션에는 여우 캐릭터가 트레이드마크인 '메타마스크'가 있습니다. 암호화폐 투자를 하는 데 사용할 기회가 있을지 모르니 이름만이라도 알아두시기 바랍니다.

그러면 거래소 계좌와 월렛의 차이, 또 어떤 때에 월렛을 사용하는지에 대해 알아봅시다.

우선 '계좌에 보관하기=은행에 저금하기', '월렛에 보관하기 = 자기 지갑에 돈 넣기'라고 생각하시면 됩니다.

내 지갑에 들어 있는 돈은 은행의 시스템 점검 등과는 관계없이 언제든지 자유롭게 사용할 수 있습니다. 암호화폐의 월렛도 마찬가지죠. 단, 월렛에 들어 있는 자산(코인)은 거래소 계좌처럼 보상 제도 없이 관리됩니다.

지갑을 잃어버리거나 어디에 두었는지 잊어버려 돈을 잃어버렸을 경우, 아무도 보상해주지 않듯이 월렛도 잘못된 사용 방법으로 코인을 잃을 수 있습니다.

즉, 거래소 계좌는 자기 자산(코인)을 자유롭게 다룰 수 없는 타이밍이 있는 대신에 보상 제도가 있고, 월렛은 자산을 언제든지 자유롭게 다룰 수 있지만, 모든 것이 자기 책임으로 보상 제도는 없는 것이죠.

◆ 월렛의 시스템

월렛에서 다른 곳으로 암호화폐(코인)를 송금할 때는 '어드레스'가 필요합니다. 현금을 이체할 때의 '은행 계좌번호'와 같은 것이죠. 그리고 이 어드레스에는 반드시 '비밀 키(프라이빗 키)'라는 것이 연결되어 있습니다.

비밀 키는 영어와 숫자가 무작위로 배치된 문자열로, 은행 계좌에서 말하는 비밀번호와 같은 것입니다. '어드레스─비밀 키'는 반드시 세트로 되어 있습니다. 중요한 점은 비밀번호를 타인에게 알려주지 않는 것처럼 비밀 키도 절대로 누구에게도 알려주지 말아야 한다는 점, 그리고 반드시 메모해둬서 잊어버리지 않도록 해야 한다는 점입니다.

만약 월렛의 애플리케이션을 관리하고 있는 스마트폰 등의 단말기에 문제가 발생한 경우, 월렛에 접근할 수 없을 가능성이 있지만, 비밀 키만 있으면 월렛을 복원하여 그 안에 들어 있던 자산에 접근할 수 있습니다. 만약에 비밀 키가 없으면 그 안에 들어 있던 자산에 접근하지 못해 자산을 잃게 됩니다.

비밀 키는 암호화폐를 지키기 위한 중요한 열쇠입니다. 그 누구에게도 알려주지 말고, 메모하여 잊어버리지 않도록 철저히 관리해야 합니다. 그리고 또 하나, 중요한 점이 있습니다. '비밀번호 복구 문구(시크릿 리커버리 프레이즈)'입니다. 그 외에 시드 프레이즈나 패스 프레이즈 등이라고 부르기도 합니다.

비밀번호 복구 문구란 다음과 같은 12개의 영단어를 말합니다(18개나 24개인 경우도 있음).

비밀 키	귀하의 비밀번호 복구 문구

1f4f813b3b███████████7d
2fe2d5e7df105afl6e9a41c4
91b██████████b55

클립보드에 복사

symptom ███ social
output leaf minute ethics
███████owner smart
attract ██████

클립보드에 복사

이 비밀번호 복구 문구도 비밀 키와 마찬가지로 월렛 자산을 지키는 중요한 키워드입니다. 월렛을 작성할 때 표시되므로 정확하게 기록으로 남겨서 그 누구에게도 가르쳐 주어서는 안 됩니다.

비밀 키와 마찬가지로 비밀번호 복구 문구가 있으면 어떠한 문제가 발생해도 자산을 지킬 수 있습니다.

이처럼 비밀 키와 비밀번호 복구 문구는 양쪽 모두 중요한 역할을 맡고 있지만, 시스템상에서는 차이점이 있습니다.

어드레스는 하나의 월렛 애플리케이션에 여러 개를 소유할 수 있습니다(은행 계좌를 여러 개 가지고 있는 것과 같은 느낌). 비밀 키는 이 어드레스 하나하나에 연결되어 있어 1대 1로 묶여 있습니다.

그와 달리 비밀번호 복구 문구는 월렛 전체를 관리하기 위한 키워드(부활의 주문)와 같은 것입니다.

중요한 내용이니 다시 한번 정리해 드리겠습니다. 월렛을 다룰 때는 비밀 키와 비밀번호 복구 문구를 올바르게 메모해두고 그 누구에게도 알려주지 말아야 합니다.

참고로 거래소에도 어드레스는 있지만, 그 비밀 키는 사용자가 아니라 거래소가 관리합니다. 그와 달리 월렛은 '비밀 키는 스스로 직접 관리' 하죠. 이 부분이 거래소 계좌와 월렛의 차이점입니다.

앞서 언급했듯이 코인은 거래소 계좌에 보관해도 됩니다. 둘 다 장단점이 있으니 차이를 잘 알고 스스로 선택하는 것이 중요합니다.

투자의 기본은 '분산'이므로 코인을 나눠서 관리하면 모든 자산을 잃을 위험성을 낮출 수 있습니다. 그 하나의 보관처로 월렛을 사용해보는 것도 좋습니다.

또, 월렛은 DeFi(분산형 금융)나 NFT를 다룰 때 필수적입니다. 월렛의 사용 방법을 올바르게 알면 나중에 암호화폐 투자의 가능성을 넓힐 수 있습니다.

세상에서 제일 쉬운 암호화폐 입문서

■ 월렛 보관이란? ■

| 거래소 보관 | ▶ 은행에 저금하는 느낌 |

| 월렛 보관 | ▶ 자신의 지갑으로 돈을 넣는 느낌 |

■ 거래소와 월렛의 차이 ■

	관리자	보상	장점	단점
거래소	거래소	있음(일정 조건이 있는 경우도 있음)	거래소가 지켜준다	시스템 점검이나 해킹 등
월렛	자신	없음	거래소 규정에 속박되지 않는다	자기 관리 능력이 중요

4 교 시 요점 정리

☐ 국내의 안심할 수 있는 거래소를 이용한다.

☐ 가능하면 비용이 적게 드는 거래소에서 산다.

☐ 올바른 구매 방법, 자산을 지키는 방법을 익혀야만 한다.

☐ 빈번히 가격을 확인하지 않아도 OK.

돈을 더 벌 수 있는
투자 기술

구매한 코인을 빌려주면
이자를 받을 수 있다!

"장기 보유를 하겠다는 생각으로 비트코인과 이더리움을 구매하는 투자를 실천해 봤다면 다음 단계도 생각해 봐야겠죠?"

"갑자기 설레네요."

"다양한 아이디어가 있지만, 가장 먼저 이야기할 방법은 암호화폐 대출(렌딩)이라는 암호화폐의 운용 방법이에요."

"암호화폐를 빌려준다고요?"

"맞아요. 아직 많이 알려지지 않았지만, 은행 예금처럼 자신이 가지고 있는 비트코인 등을 거래소에 빌려주고 이자를 받는 것이에요. 단, 주의할 점은 거래소에 따라 취급하는 코인이나 연이율, 넣어둘 수 있는 기간 등이 다르기 때문에 잘 알아보고 해야 해요."

▪ COINCATS식 암호화폐 투자 달인이 되는 방법 ▪

기　본
 &

비트코인과 이더리움을
'정기적으로 사서', '장기 보유'

〈기본〉에서 제시하는
투자만으로도 물론 OK

STEP UP

STEP UP ❶
암호화폐 대출(렌딩)
보유하고 있는 비트코인 등을 빌려준다.

STEP UP ❷
다른 코인에 투자
게임 관련, 메타버스 관련 등, 주목받는 코인도 많다.

STEP UP ❸
해외 거래소 이용하기
국내에서는 할 수 없는 투자도 가능하다.

공부하기, 정보 모으기가 가능해지면
더 많은 이익을 얻을 기회가
많아진다

👶 "근데 제가 거래소에 비트코인을 빌려주면 누가 무엇을 위해 사용하는 거죠?"

🐹 "아무래도 신경 쓰이죠? 저도 어느 거래소에 문의한 적이 있는데요, 빌려준 암호화폐가 무엇에 쓰이는지는 알려주지 않더라고요. 암호화폐에는 증거금 거래라는 투자 방법이 있어서 그 방법으로 거래하는 사람에게 빌려주는 수요가 있는 거 같더라고요. 안 좋은 곳에 쓰이는 것은 아니니 걱정할 필요는 없어요."

👶 "장기 보유라는 것은 일정 기간 그냥 가지고만 있는 거잖아요. 그러면 그냥 가지고 있기보다는 빌려주는 편이 좋겠네요?"

🐹 "네. 장기로 보유하려는 사람은 해당 기간 내에 빌려줄 수 있어요. 그리고 빌려주는 만큼 불릴 수 있죠. 그렇다면 아무래도 빌려주는 편이 낫겠죠."

👶 "조금만 가지고 있어도 빌려줄 수 있나요?"

🐹 "거래소에 따라 다르기 때문에 해당 거래소에 문의해보는 게 좋아요."

👦 "저도 할 수 있을까요?"

👧 "할 수 있어요. 대출 제도를 운영하는 거래소에 계좌를 개설하고, 암호화폐를 산 후에 가상화폐 대출 계좌를 만들면 돼요."

👧 "거래 계좌에 태리님이 샀던 코인이 0.3 BTC가 들어 있다고 가정하고, 그중 0.1 BTC를 빌려주면 가상화폐 대출 계좌에 0.1 BTC를 옮겨놔요. 그리고 대출 절차를 밟는 거죠."

👧 "빌려주고 싶다면 신청하고, 그 신청이 승인되면 빌려줄 수 있어요. 거래소는 사용할 데가 따로 없으면 빌리지 않으니 한도 내에 있으면 승인이 될 거예요."

👧 "맞아요. 빌려주고 싶어도 빌려줄 수 없는 경우도 있어요. 이전에 세계 최대 거래소인 바이낸스사에 문의했더니 빌리고 싶은 수량 등의 상황이 매일 변동돼서 전날 상황에 따라 익일 9시까지 신규 모집을 한다고 알려주었어요. 그러니 상황을 꼼꼼히 살펴보면 좋겠죠."

👦 "위험하진 않나요? 빌려준 코인을 못 돌려받는다거나."

😲 "거래소가 파산할 위험성은 있어요.

예를 들어 대출 계좌에 들어 있는 만큼은 보상의 대상이 되지만, 실제로 대출해 준 만큼은 보상되지 않는다고 해요. 거래소에 따라서 규정이 다를 수 있으니 이용 전에 직접 확인해 보는 것도 중요하겠죠."

😲 "또 위험한 점은 빌려준 코인의 가격 변동이에요.

이자는 받을 수 있지만, 빌려주는 동안에 코인의 가격이 폭락해버리면 총 금액상 손해를 볼 수 있어요."

😮 "그렇군요. 그러면 어떻게 해야 할까요?"

😲 "예입 기간은 14일, 30일, 90일, 180일 등이 있어요. 기간이 길수록 원칙적으로 금리는 높아지지만, 가격이 크게 변동될 가능성도 높아요."

🙂 "비트코인이라면 가치가 높아질 테니 너무 걱정할 필요는 없을 거 같은데요?"

😲 "태리님! 제대로 이해하기 시작했군요. 기뻐요."

🐹 "빌려주는 동안에 가격이 내려가도 계속 가지고 있으면 되니까요."

🐹 "조금이라도 걱정이 되는 사람은 짧은 기간 빌려주고 기간이 끝나면 또다시 빌려주는 식으로 반복하는 편이 정신적으로 좋을 수 있겠죠. 단, 인기가 많으면 다음에도 빌려줄 수 있으리라는 보장은 없다는 점을 염두에 두어야만 해요.

또하나 유의할 점은 가격이 폭등한 경우도 바로 빼내서 매각할 수 없으니, 반드시 장기 보유할 수 있는 자산을 빌려주는 것이 대원칙이에요."

😀 "해보고 싶네요!"

🐹 "빌려주기까지의 과정이 귀찮다……라고 생각하는 사람도 있지만, 꼭 그렇지도 않아요."

😀 "금리는 은행의 정기 예금보다 훨씬 좋기도 하니까요."

🐹 "원화 예금을 비트코인으로 바꿔서 빌려주면 은행보다 좋은 어느 정도의 이자가 들어오죠……. 단, 예금과는 달리 원금 보증은 없지만요."

"그러한 운용 방법을 아는 사람과 모르는 사람 사이에는 장래에 큰 차이가 생길 수밖에 없겠네요."

"이자에는 세금이 든다는 점도 알고 계셔야 해요. 조금 복잡한데다 제도의 내용이 검토되고 있는 단계이니 국세청 홈페이지 등에서 최신 정보를 확인해두면 안심할 수 있겠죠?"

"알겠습니다! 코인을 사서 그냥 두지 않고 운용할 수 있는 방식을 알 수 있어서 좋았어요. 역시 아는 것이 힘이네요."

투자해도 되는 코인,
투자하지 말아야 할 코인

"주요 투자 대상은 비트코인과 이더리움. 그리고 익숙해지면 다른 코인에 투자하기를 검토해 봐도 좋아요."

"아~ 재밌겠네요. 근데 왜 이렇게 종류가 많은 거예요?"

"한마디로 정리하자면 중앙집권형이 아니라서 자유롭게 코인이 발행되기 때문이에요.
즉, 원화나 달러 등의 법정 통화는 중앙은행만 금융 정책을 토대로 발행하는 것과 달리 암호화폐는 누구나 자유롭게 발행할 수 있어요. 그래서 많은 코인이 탄생될 수 있죠."

"비트코인처럼 결제에 사용할 수 있는 코인부터 특정 게임에만 사용할 수 있는 코인, 메타버스에서 사용할 수 있는 코인 등, 다양한 코인이 있어요."

◆ 코인의 유형

코인은 크게 다음과 같은 유형으로 나뉩니다.

- 결제에 사용하는 코인······비트코인이나 라이트코인, 리플 등
- 플랫폼형 코인······이더리움, 트론 등
- 위와 같은 코인을 버전 업한 유형의 코인······솔라나, 아발란체 등(버전 업 : 기존 코인의 약점을 보완한 것. 데이터 처리를 빠르게 하거나, 사용료를 저렴하게 하는 등)
- 크로스체인 유형의 코인······코스모스, 폴카닷 등(크로스체인 : 다른 유형의 코인끼리 호환성을 좋게 하거나, 변환 기능을 갖추게 한 것)

암호화폐나 코인 등이라고 하면 돈의 이미지가 있지만, 각 코인을 회사라고 생각하면 쉽게 이해할 수 있을 것입니다.

예를 들어 비트코인이라는 회사가 있는데 그 회사는 국제 송금을 자유롭게 할 수 있는 회사이며, 그 회사의 주식이 바로 비트코인이라고 말이죠.

이더리움은 블록체인상에서 누구나 코인을 발행하거나, 서비스를 만드는 시스템을 최초로 발명한 회사입니다. 그 시스템을 사용하려면 이더(ETH)라는 코인이 필요합니다.

그리고 이더리움의 인기가 과열되고 이용자가 늘면서 요금(사용료와 같은 것. '가스비' 라고 부른다)까지 비싸져서 '우리 회사는 그것을 조금 더 빠르고 저렴하게 사용할 수 있는 새로운 시스템을 만들었다' 라고 말하는 곳이 바로 솔라나라는 회사(코인)입니다.

예를 들어 맥과 윈도우는 호환성이 좋지 않지만, 호환성을 좋게 해주는 변환 기능을 갖춘 것을 개발하고 있다거나, 윈도우의 워드를 맥에서 사용할 수 있게 하는 종류의 것을 만드는 것이 바로 크로스체인이라는 유형의 회사(코인)입니다.

마이크로소프트의 워드 이외에도 문서 작성 애플리케이션이 있듯이 우리가 더 기능이 좋고 빠르고 에러가 적다는 등, 각자가 각축을 벌이다가 새로운 코인이 탄생되고 있습니다.

앞으로도 용도에 맞게 다양한 유형의 코인이 개발될 것입니다.

"그렇군요. 회사가 생기고 그 회사의 서비스를 이용하려면 전용 통화가 필요하다는 거죠? 예를 들어 어느 게임센터에서는 게임에 사용하는 코인으로 환전한 후에야 게임이 가능한데 그것과 비슷할까요?"

"맞아요. 그거랑 비슷해요. 그 게임이 엄청나게 인기가 있어서 전용 코인으로만 이용할 수 있다면 게임을 하고 싶은 사람이 늘어날수록 해당 전용 코인의 가격이 오른다고 생각하시면 돼요."

싯코인에는 주의하자!

"한편 [싯코인(shitcoin)]이라고 불리는 코인도 있어요."

"싯코인이요?"

"시가 총액이 작은 코인이나 널리 알려지지 않은 코인, 가치가 없는 코인의 별칭이에요."

"가치가 있긴 하나요?"

"싯코인에 10,000원 정도의 단위로 투자하는 사람도 있어요. 처음에는 똥(shit)이었어도 머지않아 약이 될 가능성을 보고 투자하지만, 초보자에게는 그다지 권하지는 않아요."

"대박을 노리는 느낌인 건가요……?"

"네. 하지만 똥은 대부분 쓸모가 없죠. 노폐물 덩어리니까요. 똥을 약으로 쓸 수 있는 경우는 매우 드물어요. 시바코인(SHIBA INU) 등의 개(Dog) 계열의 코인도 그래요."

"시바코인? 왜 개 이름으로 지은 거죠?"

"2010년쯤에 태어난 도지라는 개의 아이콘을 붙인 코인이 있는데 그게 개 계열 코인의 원조격이에요. 원래는 개의 귀여움을 토대로 장난삼아 만든 코인이었지만, 미국의 실업가인 테슬라의 CEO 일론 머스크가 트위터에서 '도지'라는 트윗을 남기면서 무언가가 있을 것이라는 기대감으로 가격이 급등했던 적이 있어요."

"그렇게 도지코인이 인기를 끌면서 개 이름을 붙인 코인을 만들면 가격이 오르지 않을까? 하는 분위기에 수많은 개 계열의 코인이 생겨났어요."

"도지코인이 인기를 끄니까 시바코인 같은 걸 만드는 사람이 나타났다……. 그러고 보니 누가 만든 거죠? 개인인가요? 아니면 기업? 무엇을 위해서요?"

"누가 만든지 알 수 있는 코인도 있고, 알 수 없는 코인도 있어요."

STEP UP ②

다른 코인에 투자

화제성만 있는 코인은
투자 대상에서 제외하자

"만든 사람은 돈을 벌 수 있나요?"

"네. 돈을 벌기도 해요. 처음에는 자신이 발행한 양의 일부만 팔고 나머지는 자기가 가지고 있는 거예요. 그리고 인기가 생겨서 가격이 오르면 가지고 있던 만큼을 팔면 돈을 벌 수 있게 되는 거죠."

"발행량도 직접 정할 수 있어요. 참고로 시바코인은 1,000조 개나 돼요."

"그렇게나 많아요?!"

"그래서 코인의 시가 총액 순위가 오르기 쉬워요. 한때는 시가 총액 상위 10위 안에 들었을 정도죠. 코인 1개당 가격과 발행 개수를 합산한 것이 시가 총액인데, 가격이 낮아도 많이 발행하면 시가 총액 순위에서 상위에 오르기도 해요. 만일 개당 가치가 10원이 되면 시가 총액은 10,000조 원인 거예요. 비트코인이 상한 2,100만 개이니 발행량이 얼마나 많은지 알 수 있죠? 순위가 상위권이라고 해서 반드시 인기가 많다고 볼 수 없으니 주의해야만 해요."

"좋은 표현은 아니지만, 어떤 의미에서는 머니 게임과 같은 측면도 있어요. 한창 버블티가 유행을 탔을 때 버블티 가게가 여기저기 생긴 것처럼 개 코인이 유행을 탔다고 개 계열의 코인이 우후죽순처럼 생긴 것과 비슷하죠……."

"소문에 흘리거나 화제를 만드는 경우도 있어요. 시바코인의 경우는 처음에 발행한 분량의 50%를 이더리움 개발자 한 명에게 보냈는데 그 개발자가 거기에서 10억 달러 상당을 어느 곳에 기부했다는 이야기가 화제가 되면서 인기를 끌었어요.
내용물은 없고 화제성만 있는 코인은 폭락하기도 하니 가까이하지 않는 편이 좋아요."

상장되어 있다고
안심할 수 있는 것은 아니다

"해외의 암호화폐 거래소인 바이낸스나 코인베이스 같은 세계적으로 유명한 거래소에 상장하는 것도 큰 뉴스거리가 돼요."

"상장이 뭐죠?"

"거래소에서 해당 코인을 취급해서 매매할 수 있게 등록하는 것을 말해요. 예를 들어 비트코인이나 이더리움은 많은 거래소에 상장되어 있지만, 그 밖의 코인은 한정된 거래소에만 상장되어 있어 그곳에서만 살 수 있어요."

"상장하기 어려운가요?"

"아마 거래소마다 어떤 코인인지를 확인할 거예요. 거래소에 따라 다를 텐데, 그 점에 대해서는 아직 많이 알려지지 않은 부분이 많아요."

"엄격한 거래소도 있겠지만, 손쉽게 상장할 수 있는 거래소도 있을까요?"

🐹 "그건 단언할 수 없어요. 말씀드릴 수 있는 부분은 거래소에 상장되어 있다고 해서 안심할 수 있는 코인은 아니라는 점이에요. 물론 그렇다고 해서 모든 코인이 수상하다고 볼 수는 없겠지만요…….
국내에 등록된 가상자산 거래소가 운영하는 거래소에서는 일정 기준도 있다고 해요. 어디에 상장되어 있는지도 코인을 파악할 수 있는 하나의 핵심이 되겠죠."

🐱 "코인을 개발한 사람이 직접 거래소를 만들고 직접 상장시키는 경우도 있어요. 마치 자작극처럼요."

🧒 "아~ 근데 그런 코인을 사는 사람이 있어요?"

🐱 "있더라고요. 신용하기 좀 힘든 코인이네……라고 생각하면서도 한 방이 있을 수 있다고 생각하는 사람이 있어요. 그런 구매 방식은 절대 추천하지 않아요. 그렇게 하면 손해를 볼 수밖에 없거든요. 그렇게 하지 말고 상식적으로 투자하는 것만으로도 충분해요."

🐱 "코인이 아예 사라져버린 경우도 있어요."

🧒 "헉. 정말요?"

"해외에서는 그런 경우가 많아요. 셀 수 없을 만큼 수많은 코인이 가치가 없어지거나 전자 쓰레기가 되죠."

"국내의 거래소에 상장된 코인 중에는 없나요?"

"있긴 하지만 해외에 비해서는 덜한 편이예요. 특히, 메이저 거래소는 일정한 상장 기준이 있으니까요."

"국내에 상장된 코인을 사면 수상한 코인을 살 걱정은 크게 안 하셔도 돼요."

"맞아요. 단, 모두 가치가 높아지리라는 보장은 없어요. 그 점은 혼동하지 않도록 주의해 주세요."

"이건 사도 될지, 수상한지를 잘 판단할 수 있도록 지금 알려드린 기본적인 부분을 파악한 후, 투자하고 싶은 생각이 들었을 때 어느 정도는 조사해보는 것이 중요해요."

앞으로 주목받을 코인은
이 5종류

👦 "사서는 안 될 코인은 어느 정도 알겠는데, 사도 되는 코인은 어떤 게 있을까요?"

👩 "우선은 국내 거래소에 상장된 코인을 후보로 두는 것을 추천해요. 추천까지는 아니지만, 후보로 꼽을 수 있는 코인은 코스모스, 폴카닷, 더샌드박스, 체인링크, 솔라나 등이 있어요.

한마디로 말하자면 지금까지 주목받은 업계 또는 성장할 만한 업계의 관련 종목이에요.

예를 들어 코스모스는 다른 네트워크의 호환성을 좋게 해주는 크로스체인 기술이 특징인데 거기에 가능성이 있다는 점에서 주목받고 있는 코인이에요.

코인마다 블록체인이 있지만, 각각 움직임이 느리다거나 사용료가 높다는 등의 문제가 있어서 그러한 문제를 해결하고 더 편리한 블록체인이 개발되어 그에 맞게 코인이 생겨나고 있어요. 그러한 기술이 가치가 높거나, 주목 업계와 관련되어 있으면 코인의 가격 상승도 기대해 볼 수 있어요."

 "해당 코인에 어떤 특징이 있는지를 파악한 후에 투자를 검토해야 하겠네요."

 "대단해요~! 바로 그거예요."

 "가격이 오를 거 같다, 돈을 벌 수 있겠다는 마음으로 투자하면 단순한 도박에 지나지 않아요. 주목을 받고 있는 코인에 대해서는 저희도 설명해 놓은 영상이 있으니 꼭 한 번 확인해 보세요."

예상을 깨고 가격이 내려가면
망설이지 말고 손절하자

 "비트코인과 이더리움 이외의 코인은 장기적으로 가치가 높아진다고 할 수 없을뿐더러 일단 가격이 내려가면 올라가기 쉽지 않을 것이라 예상하고 있어요. 그 부분은 확실히 알아두고 있어야 해요."

 "저는 오를 줄 알고 샀던 코인의 가격이 오르지 않으면 팔아버려요. 손절하는 거죠. 손절은 샀던 가격보다 내려가서 원래 가격으로 돌아오지 못할 거 같거나, 더 떨어질 거 같을 때 매각을 통해 손해를 확정시켜 그 이상의 손해를 보지 않기 위한 방법이예요.

유튜브 등을 보면 암호화폐를 분석하는 영상이 많이 있어서 그러한 분석을 참고해서 회복이 어려울 거 같으면 손절하고 있어요."

"몇 % 떨어지면 판다든지, 몇 개월간 오르지 않으면 파는 등, 자신만의 규칙을 만드는 것도 좋은 방법이에요.

저는 다양한 곳에서 화제가 돼서 주목도가 올라가거나, 사용할 수 있는 곳이 많아진 코인을 살 때가 많지만, 가격이 오를 기미가 없거나, 생각보다 사용처가 많아지지 않는 경우에는 손절을 고려해요.

전부 손절하지 않고 일부를 남겨두기도 하지만, 따로 사고 싶은 코인이 생기면 전부 팔아서 갈아타기도 하죠."

"장기적으로 가치가 높아질 것으로 예상되는 비트코인과 이더리움을 선택하기, 여유 자금으로 투자하기, 장기 투자를 생각하기가 중요하겠네요."

"또 하나 검토해야 할 것이 해외 거래소를 이용하는 거예요."

"아이고, 어려울 거 같은데요."

"생각보다 어렵지 않아요."

"근데 왜 해외 거래소를 이용하나요?"

"해외 거래소에서는 국내 거래소에서 할 수 없는 다양한 투자가 가능하기 때문이에요."

"오, 그건 좀 관심 있어요. 어떤 게 있나요?"

"해외 거래소에는 국내 거래소에서는 불가능한 운용 방법도 있고, 살 수 없는 코인도 있어요. 그래서 위험성만 확실히 이해하면 자신에게 맞는 운용이 가능해지고, 자산을 늘릴 기회가 많아지죠. 어렵다거나 무리라고 생각해서 피하기만 하면 좋은 기회를 날릴 수 있지만, 반대로 위험성도 이해하지 않고 무턱대고 투자하면 큰 손해를 입을 수

밖에 없어요. 해외 거래소에 대해 확실히 공부해서 운용 선택지로 한 번 검토해 보세요."

"공부하면 안전하게 자산을 운용할 수 있는 길이 열리니까 꼭 공부해서 해외에서 유리하게 이익을 실현하는 길을 열어보시기를 바라요. 저희가 그런 공부에 도움을 드리고 싶으니 언제든지 질문해 주세요."

"정말 그렇겠네요. 우선 아는 것이 중요하겠어요. 그런 다음에 할 수 있는 일을 하나씩 늘려나가면 되겠어요."

"해외 거래소를 이용하는 경우에는 바이낸스에 계좌를 가지고 있는 게 좋을 거예요."

"바이낸스…… 그게 뭐였죠?"

"바이낸스는 세계 최대급 암호화폐 거래소예요. 한국의 업비트, 빗썸과 비슷해요."

"그러고 보니 앞서 몇 번 말씀하셨던 거네요."

"인터넷에서 검색하면 금방 이용할 수 있고 스마트폰으로 계좌도 개설할 수 있어요."

"바이낸스의 거래 방법은 유튜브에서 검색하면 많이 나오니 따라하기 어렵지 않을거예요."

"만약 곤란한 일이 생기면 모르는 상태에서 절차를 밟지 말고 공식 사이트나 인터넷 등에서 정보를 찾아보세요."

암호화폐를 빌리는
[세이빙], [스테이킹]이란?

"바이낸스에서 할 수 있는 일은 많이 있지만, 초보자는 우선 코인을 맡겨두고 이자를 받을 수 있는 [세이빙]부터 시작해보면 좋아요. 우리나라에서는 '암호화폐 대출'. '렌딩'이라고 하지만, 바이낸스에서는 세이빙이라고 불러요. 언제든지 인출할 수 있는 보통 예금과 같은 플렉시블 세이빙과 기간이 정해져 있는 정기 세이빙이 있죠."

"[스테이킹]이라는 운용 방법도 있어요.
스테이킹은 본래 블록체인 기술의 하나로 채굴과 똑같이 암호화폐(코인)를 보수로 받을 수 있는 시스템을 의미하는데, 바이낸스에서는 그것을 이용해서 서비스를 제공하고 있어요.

세이빙보다 금리가 높은 편인데, 코인에 따라서는 연이율 60%인 것도 있죠. 대신에 운용 기간이 30일이나 60일 등으로 한정되어 있고, 인기가 높은 것은 한도가 꽉 차서 신청하지 못할 수도 있어요."

"60%! 은행에서는 상상도 하지 못할 금리네요. 위험하지는 않나요?"

"위험성에 대해 질문해 주시니 기쁘네요!"

"세이빙의 위험성은 국내에서 하는 경우와 마찬가지로 거래소의 파산 위험성과 코인 자체의 가격 변동이 있다는 점이에요. 거래소의 파산 위험성이라는 점에서 바이낸스는 세계 최대 기업이다 보니 어느 정도 안심은 할 수 있을 거예요.

그리고 코인의 가격 변동 위험성은 코인을 신용할 수 있는지를 파악해서 소액으로 시도해볼 수 있어요. 그래도 걱정이 된다면 언제든지 해지할 수 있는 플렉시블 세이빙이나 단기간 세이빙으로 하는 등의 방법을 취하는 것도 좋겠죠. 여유 자금으로 해야 한다는 점은 말할 필요도 없고요."

😺 "바이낸스에서 세이빙이나 스테이킹이 가능한 코인은 바이낸스가 직접 심사하고 있어요. 신용과 관련이 있기 때문에 평판이 좋지 않은 코인은 취급하지 않죠.

국내에 상장된 코인과 비교하면 가격 변동이 큰 것도 많지만, 갑자기 코인의 가치가 사라질 위험성은 적다고 보면 돼요."

😃 "그런 의미에서도 대형 거래소를 사용하면 좋겠네요."

😺 "주의해야 할 점은, 국내에서든 해외에서든 맡겨둔 코인 양의 몇 % 금리를 의미하기 때문에, 5%의 금리가 약속되어 있다면 그것은 1 BTC가 1.05 BTC가 된다는 뜻이지 100만 원이 105만 원이 된다는 뜻은 아니에요. 코인을 늘리는 방법과 한국의 원화로 환산한 경우의 늘리는 방법은 같지 않으니 이 점 주의해 주세요."

😺 "또 해외 거래소에서 운용한 경우에도 세금이 붙으니 이 점도 기억해 두세요."

국내에서 구매할 수 없는
유망 코인을 구매한다

"메타버스나 NFT 등과 관련된 코인 중에도 주목을 받고 있는 코인이 있지만, 국내 거래소에는 상장되어 있지 않은 경우가 많아요. 바이낸스 등, 해외 거래소를 이용하면 그러한 코인에도 투자할 수 있어요."

"그렇군요. 국내에서 구매할 수 없는 유망 코인을 구매하려면 해외 거래소를 이용해야 하는군요."

"메타버스나 NFT 관련 코인을 찾으려면 '코인마켓캡' 사이트가 편리해요. 카테고리별로 코인 정보를 찾을 수 있죠."

"그런 정보를 직접 확인하면 관련 지식이 쌓이기 시작해요. 손해를 보지 않기 위해서라도, 이득을 보기 위해서라도 필요한 지식이죠."

바이낸스에 송금하는 방법

"근데 바이낸스에서 운용하려면 바이낸스에 개설한 계좌에 입금해야 하죠?"

"네. 원화를 직접 입금할 수는 없으니 암호화폐로 입금해야 해요. 바이낸스에서 암호화폐를 사서 신용카드로 결제하는 방법도 있지만, 구매할 수 있는 코인이 한정되어 있거나, 수수료가 높거나, 환전 위험성도 있어서 사용하기 편하지는 않아요. 그래서 국내 거래소에서 암호화폐를 산 후에 바이낸스의 본인 계좌로 보내는 방법이 일반적이에요. 단, 국내 거래소 일부는 해외 거래소에 송금할 수 없는 경우가 있어요."

"음. 제가 할 수 있을까요……?"

"예를 들어 바이낸스로 송금할 경우의 절차는 다음과 같아요."

❶ 바이낸스의 어드레스 입력
❷ 표시된 것 중에서 사용할 네트워크를 선택
❸ 소액으로 테스트 송금

④ 필요한 금액 송금

♦ 송금 시 주의사항

어드레스를 반드시 확실히 확인한 후에 송금해야 합니다. 한 글자라도 틀리면 그 코인은 어딘가로 사라져서 되찾을 수 없기 때문입니다. 어드레스는 송금할 어드레스를 복사 & 붙여넣기하여 입력해 주십시오.

네트워크를 잘못 선택하지 않는 것도 중요합니다. 이 질문을 압도적으로 많이 받는데 선택지는 다음과 같습니다.

국내 거래소에서 해외 거래소로 보낼 때, 해외에서 국내로 보낼 때 모두 다음 중에 선택해야 합니다(변경될 가능성도 있음).

● 비트코인 송금/비트코인 네트워크(BTC)

● 이더리움 송금/이더리움 네트워크(ERC20)

해외에서 국내로 보낼 때는 송금원(바이낸스 등)이 다양한 네트워크에 대응하고 있으니 여러 선택지가 제시되지만, 국내 거래소는 접수 창구가 하나만 있어서 비트코인을 보낼 때는 비트코인 네트워크, 이더리움을 보낼 때는 이더리움 네트워크 중 하나를 선택해야 합니다.

게다가 비트코인 이외의 코인을 송금할 때는 태그(송금할 곳의 상세 사항)를 입력해야 하는 경우도 있습니다.

그리고 테스트 송금을 합니다. 소액을 보내서 잘 송금되었는지를 확인한 후에 나머지를 송금하죠. 수수료는 두 번 발생하지만, 안전하게 보내기 위해 처음에는 테스트 송금하기를 추천합니다.

가장 주의해야 할 점은 어드레스를 잘못 입력하는 것인데, 전에 사용했던 어드레스를 복사 붙여넣기 하려다가 다른 어드레스를 붙여넣는 경우가 있습니다. 송금할 곳의 어드레스가 이력에 남아 있더라도 매번 철저히 확인해야 합니다. 적어도 첫 자릿수와 마지막 자릿수, 가능하면 전체를 확실히 확인해 봅시다.

송금 실수는 완전히 본인 책임이니 거래소가 대응해주지 않습니다. 과할 정도로 확실히 확인해 주시기 바랍니다.

또 자금 세탁 방지 등을 위해 해외로 송금할 때 어떠한 규정이 추가될 가능성도 있습니다. 만약 그렇게 될 경우, 해외 거래소에 어떻게 송금해야 할지 등의 새로운 규정을 살펴봐야 합니다.

비트코인 FX 증거금 거래는
위험성이 크다

"비트코인 FX라고 들어본 적 있는데 그게 뭐죠?"

"거래소에 따라 증거금 거래라고 부르기도 하는데요. 일정 증거금을 담보로 해서 비트코인 등의 암호화폐에 투자하는 방법이에요. 증거금 거래에서는 '레버리지'를 사용할 수 있는데, 일반적인 매매에서는 투자 금액이 100만 원이라면 100만 원분의 비트코인을 살 수 있지만, 레버리지가 2배라면 100만 원의 증거금으로 200만 원의 거래가 가능해요. 비트코인의 가격이 10% 올라가면 일반적인 거래에서는 10만 원이 이익이지만, 레버리지가 2배라면 20만 원의 이익을 얻을 수 있다는 뜻이죠. 단, 가격이 내려간 경우에는 손실도 2배가 돼요."

"그렇군요. 그건 좀 무섭네요."

"그 밖에 가격이 내려갔을 때 이익을 실현하는 방법도 있지만, 비트코인이나 이더리움은 장기적으로 가치가 오를 것으로 기대되니 장기 투자를 하는 것이 기본이에요. 그와 달리 가격이 내려갔을 때 이익을 실현하고자 하면 단기 거래를 해야 해요. 가격 변동을 확실히 관찰하거나, 예측해야 하니 초보자에게는 추천하지 않는 방법이죠."

🐱 "자산을 늘리려고 할 때는 위험성이 큰 단기 투자로 이익을 실현하는 것이 아니라 큰 손실을 피해 확실히 늘려나가는 것이 중요해요. 레버리지를 걸거나 가격 하락으로 돈을 벌려고 하지는 마세요. 하려면 꼭 제대로 공부한 후에 생각하시기 바랍니다."

🐱 "가벼운 마음으로 시작하면 화를 입을 수 있으니 태리님도 조심하세요."

♦ 사기를 당하지 않으려면

지금까지 저희가 상담받았던 내용을 포함해서 다음과 같은 암호화폐 사기 사례가 있습니다. 대표적인 내용을 몇 가지 소개해 드리겠습니다.

어떤 사례가 있는지 알면 사전에 위험을 알아차릴 수 있으니 잘 숙지해 두시기 바랍니다.

● 피싱 사기……위조 사이트에 접속하면 어드레스나 비밀번호, 비밀 키 등이 제삼자에 노출되어 암호화폐를 잃을 수 있습니다.

대책 : 거래소나 어떤 사이트에 접속할 때는 반드시 공식 사이트에 접속합니다. 공식 사이트 URL은 코인마켓캡 등에서 확인할 수 있으니 신뢰할 수 있는 곳을 통해 접속합니다.

코인마켓캡 사용 방법도 유튜브에 많이 제공되고 있으니 참조하면 됩니다.

● SNS 로맨스 스캠……소개팅 애플리케이션이나 SNS를 통해 알게 된 사람과 친해지면 암호화폐 투자를 제안하기도 합니다. "난 이렇게 해서 돈을 벌고 있어. 내가 알려줄 테니까 너도 한 번 해볼래?" 등과 같이 권유하여 돈을 갈취합니다. 소개해준 거래소는 처음부터 사기를 치기 위해 만들어진 것으로, 처음에는 정말로 자산이 늘어나는 것처럼 보이게 되어 있습니다. 상황을 살펴보다가 갑자기 연락을 끊거나, 자산을 인출할 수 없게 합니다.

대책 : SNS에서 알게 된 사람의 말을 그대로 받아들이지 않는다. 돈을 송금하기 전에 상담받아보자!

● 기술 지원 사기……아직 암호화폐를 어떻게 취급해야 할지 모르는 초보자를 노리는 사기로, SNS 등에 질문을 올리면 사이트 관리자나 공식 회원을 가장하여 다이렉트 메시지를 보냅니다. '해결할 수 있도록 기술 지원을 해줄 테니 비밀

번호를 알려달라'라며 비밀번호 유출을 유도하기도 합니다. 초보자들은 해결해 준다는 안심감에 믿음이 생겨 자기도 모르게 비밀번호를 알려주면서 자산을 잃게 됩니다.

대책 : 공식 사이트의 고객 지원 센터에서는 비밀번호를 요구하지 않습니다('월렛의 시스템' 참조). 현금 인출 카드의 비밀번호를 묻는 것과 같이 부자연스러운 일입니다. 절대로 알려주지 말고 서비스 운영자(거래소라면 거래소) 공식 사이트의 고객 지원 센터에 문의해 봅니다.

● 기타……교묘하게 영상을 제작하여 코인 10개를 보내주면 20개로 불려서 되돌려 준다며 관심을 끕니다. 이런 경우 코인 20개를 되돌려 주지도 않고 먼저 보낸 10개마저 잃게 됩니다. 냉정하게 생각해 보면 그런 달콤한 이야기가 말이 안 된다는 사실을 알 수 있지만, 욕심에 눈이 멀면 걸려들 수 있습니다.

그 이외에도 교묘한 말솜씨로 지식이나 경험이 부족한 사람을 상대로 자산을 빼앗으려는 사기꾼들이 있습니다.

대책 : 달콤한 이야기에 현혹되지 말고 일단 심호흡을 고르고 생각해 봅시다.

최근에는 NFT 게임에서 암호화폐의 세계에 발을 들여놓는 사람이 늘면서 게임 관련 사기도 우려되고 있습니다. 게임을 하기 위한 코인을 사고, 한동안은 그 코인으로 게임을 즐길 수 있지만, 갑자기 사이트가 사라지면서 코인을 잃는 경우가 있습니다.

무서운 점은 SNS 등에 게재하는 사람이 본인이 사기에 가담 중이라는 사실을 자각하지 못한 채 사기 안건을 소개해주는 경우도 있다는 점입니다.

우리에게도 수상한 안건 권유가 많이 들어오고 있습니다. 물론 모두 거절 중이지만, 사기인지 모르고 다른 사람에게 추천하는 사람도 있고, 수상하다는 걸 알면서도 '알아서 책임져' 라거나 '처음에는 돈을 벌 수 있을지도 몰라' 라면서 소개하는 악질 사례도 있습니다.

'이 게임이라면 이 정도는 벌 수 있다', '초기 투자분은 금방 회수할 수 있다' 라는 말을 믿고 해외 거래소에 계좌를 만들어서 들은 그대로 코인을 사기도 합니다.

기본적인 지식이 없는 상태에서 진행해 버리니 가짜여도 눈치채지 못한 채로 호된 경험을 겪게 되죠. 개중에는 몇백만 원 단위로 투자하는 사람도 있습니다.

사기가 암호화폐에서만 발생하지는 않지만, 암호화폐는 돈을 벌 수 있다는 이미지만 가지고 있는 사람도 있으니 사기가 생겨날 수밖에 없습니다. 욕심에 눈이 멀면 기본적인 지식도 없이 투자해버려서 이러한 사기에 당하기도 합니다. 기본적인 지식이 있다면 그런 달콤한 이야기는 있을 수 없다는 사실을 알고, '수상함'을 눈치챌 수 있습니다.

월렛에 들어있던 코인을 누군가가 훔쳐 갔다는 상담을 받은 적도 있었습니다. 앞으로 월렛을 소유할 때를 위해서라도 '비밀번호 복구 문구나 비밀 키는 절대로 타인에게 알려주지 말아야 한다' 라는 점을 꼭 유념해 주시기 바랍니다.

🐹 "투자는 자기 책임이라는 것은 기본 중의 기본임을 잊어서는 안 돼요. 지식을 쌓아서 사기를 당하지 않도록 자신을 스스로 지켜야 해요."

👩 "그럼 이것으로 저희의 강의를 마칠게요. 태리님, 수고 많으셨어요."

👦 "정말 감사드려요. 암호자금으로 돈을 벌 생각만 했었는데 암호화폐가 무엇인지 그 매력도 알게 되었고 비트코인이나 이더리움에 장기 투자하면 자산을 늘릴 가능성이 있다는 것, 또 공부하거나 지식을 늘리면 그 밖에도 유리한 투자가 가능하다는 것도 이해할 수 있었어요."

🐹 "다행이에요. 알려드린 보람이 있네요. 배우시느라 수고 많았어요. 이 수업을 통해 알게 된 것들을 확실히 외워두면 암호화폐 투자를 안전하게 시작할 수 있을 거예요."

👩 "어려운 부분도 있었겠지만, 처음 들을 때는 어려울 수밖에 없어요. 한 번에 외우기는 힘들 테니 몇 번씩 다시 읽어 보세요."

🐹 "자, 이제 저희 수업을 졸업하시게 되었네요."

 "졸업 축하드려요!"

 "끝났다! 참 기쁘네요! 수고 많으셨어요."

졸업 축하해요!

□ 암호화폐를 빌려주면 이자를 받을 수 있다.

□ 기대할 만한 코인은 스스로 정보를 모아 파악해본다.

□ 해외 거래소를 이용하면 투자 기회가 많아진다.

□ 국내에서는 살 수 없는 코인을 해외 거래소에서는 살 수 있다.

졸업생에게 보내는 메시지

마지막까지 저희 수업을 들어주셔서 감사합니다.

조금 거창하게 들릴 수도 있지만, 저희는 '풍요롭게 만들고 싶다' 라는 생각을 해왔습니다.

금전적으로 여유가 생기면 생활, 마음가짐, 시간에도 여유가 생겨 몸과 마음 모두 건강해지고, 건강해지면 주변 사람에게도 상냥하게 행동할 수 있게 됩니다.
그래서 한 사람 한 사람에게 여유가 생겼으면 좋겠습니다. 그리고 그 여유로움을 순환시키고 싶습니다.
그런 이상을 꿈꾸고 있죠.
그러기 위한 수단으로 우리가 효과적이라고 생각했던 분야가 바로 [암호화폐]입니다.

그 매력과 올바르게 접근하는 방법을 알려주고 싶었고 실패하지 않기를 바랐습니다. 그런 마음으로 매일 활동해가면서 얻은 정보를 토대로 이 책을 쓰게 되었습니다.

끝으로 COINCATS 세 멤버의 메시지를 전해드리며 졸업을 진행하도록 하겠습니다.

제가 처음 비트코인을 샀던 것은 2017년이었습니다.

처음에는 차근차근 조언을 받으며 절차를 밟아 나갔던 것으로 기억하고 있습니다.

실제로는 당시 비트코인이 무엇인지, 무엇에 사용할 수 있는지도 제대로 알지 못해서 '자세한 내용은 모르지만 돈만 벌 수 있으면 좋겠다' 라는 정도로 인식하고 있었습니다(태리님, 과거에 저도 그랬는데 안 그런 척해서 죄송합니다).

그 후, 스승님 밑에서 암호화폐에 대해 제대로 배우고 나서야 그 매력을 깨달을 수 있었습니다. 암호화폐는 점차 진화하며 가능성을 넓혀 나가고 있습니다. 이 매력을 많은 사람이 알았으면 좋겠습니다. 지식 부족, 정보 부족으로 저항감을 느끼거나 잘못된 투자를 하지 않고, 매력을 깨달아 암호화폐와 잘 어울려 나가기를 바랍니다. 이 책은 그런 마음으로 써 내려간 책입니다.

경험해야 배울 수 있는 부분도 많습니다. 비트코인은 5,000원 정도부터 시작할 수 있으니 이 책을 읽은 후에는 무리하지 않는 금액으로 꼭 직접 암호화폐 투자를 시작해 보시기 바랍니다.

실제로 암호화폐를 소유해보면 정보를 얻을 수 있는 안테나가 작동하여 흥미가 생길 수 있을 것입니다.

평소 활동하면서 '덕분에 코인 투자를 시작해 볼 수 있었다', '다음 단계로 넘어갈 수 있었다' 라는 이야기를 들으면 그 무엇보다 기쁩니다. 이 책을 읽으시는 분께도 그런 이야기를 들을 수 있다면 좋겠습니다.

🐾 BB의 인사말

제가 암호화폐를 시작한 계기는 자산 형성보다 단순히 흥미와 재미에서 비롯됐습니다.

계기가 어떻든 암호화폐에 투자해서 다행이라고 생각하고 있죠. 왜냐하면 한 발짝 나아감으로써 암호화폐와 마주할 수 있었기 때문입니다.

그리고 지금은 비트코인이나 이더리움을 장기 보유하고 있으면 자산을 늘릴 수 있다고 느끼는 동시에 정보를 접하면 접할수록, 공부하면 공부할수록 스스로 자산을 불리고 있음을 실감하며 즐기고 있습니다.

자신의 자산을 직접 불리거나 관리할 수 있다는 점은 인생에서 선택지가 늘어나고 있음을 나타냅니다.

굳이 백만장자를 꿈꾸지 않더라도 조금이라도 사용할 수 있는 자산이 늘어나면 평소보다 맛있는 음식을 먹거나, 그동안 못 했던 무언가에 도전하거나, 누군가에게 선물을 줄 수 있습니다. 직접 생각하고 선택하여 운용해서 자산을 불릴 수 있다면 일상이 풍요로워질 것입니다. 암호화폐를 이해하고 투자해봄으로써 그런 풍요로움을 실감할 수 있다면 참 즐겁겠죠? 암호화폐로 여유를 가질 수 있다면 당신은 무엇을 하고 싶나요?

이 책을 계기로 여러분의 인생 선택지가 늘어날 수 있기를 바랍니다.

치타의 인사말

공부 모임 등에서 '지금 암호화폐를 시작하기에는 늦은 거 아닌가요?' 라는 질문을 많이 받습니다.

저는 2017년에 암호화폐를 알게 되었을 때, 비트코인과 이더리움을 구매했습니다. 당시에는 특별히 암호화폐에 관심도 없었을뿐더러 비트코인이 무엇인지조차 알지 못했습니다. 그런 상태이다 보니 송금 실수를 저질러 소동이 일어났다(그리고 손해도 봤다)고 생각합니다.

그 후 세월이 흘러 2021년부터 본격적으로 암호화폐를 배우고 싶다는 생각에 비트코인, 이더리움이 무엇인지 알고 어떻게 사야 할지, 어떻게 송금해야 할지, 암호화폐로 어떻게 돈을 벌지, 어떻게 자산을 지킬 수 있을지를 이해했습니다.

저도 암호화폐를 본격적으로 시작한 지 2년이 되었습니다. 이르지도,

늦지도 않게 시작했다고 생각합니다.

자신이 시작하고 싶다고 생각한 그때가 가장 잘 맞는 시기라고 생각하기 때문입니다.

여러분도 지금 시작하기에 늦었다고 생각할 필요는 없습니다. 이 책을 읽는 지금도 적절한 시기라고 생각해봅니다.

암호화폐는 배우면 배울수록 깊은 재미가 있습니다.

이 책에는 암호화폐를 시작하는 데 있어서 여러분이 알아두어야 할 사항들을 모아 두었습니다! 암호화폐로 돈을 벌려면 시작하는 방법뿐만 아니라 위험성이 있다는 점과 자산을 지키는 방법도 꼭 함께 알아두시기를 바랍니다.

또 더 많은 분들이 암호화폐를 통해 인생을 풍요롭게 만들어 나가기를 바랍니다.

졸업생 여러분

모르는 부분이나 걱정되는 일이 있다면 행동으로 옮기기 전에, 돈을 쓰기 전에 이 교실로 되돌아 와 주시기를 바랍니다.

그럼 행복한 암호화폐 라이프를 즐기시기를!

태리가 알지 못했던 주요 용어